# A EDUCAÇÃO CONTRA A EDUCAÇÃO

SÉRIE
MOACIR
GADOTTI

MOACIR GADOTTI

# A EDUCAÇÃO CONTRA A EDUCAÇÃO

Prefácio de
**PAULO FREIRE**

SÉRIE
MOACIR
GADOTTI

São Paulo
2024

© CEAD - Centro de Estudos Ação Direta, 2022

6ª Edição, Global Editora, São Paulo, 2024

**Jefferson L. Alves** – diretor editorial
**Flávio Samuel** – gerente de produção
**Judith Nuria Maida** – coordenadora da Série Moacir Gadotti
**Equipe Global Editora** – produção editorial e gráfica
**Gurgen Bakhshetyan/Shutterstock** – imagem de capa

---

**Dados Internacionais de Catalogação na Publicação (CIP)**
**(Câmara Brasileira do Livro, SP, Brasil)**

---

Gadotti, Moacir
   A educação contra a educação / Moacir Gadotti. – 6. ed. – São Paulo : Global Editora, 2024.

     ISBN 978-65-5612-542-8

   1. Educação I. Título.

24-188881                                             CDD-370

---

**Índices para catálogo sistemático:**
1. Educação                     370

Aline Graziele Benitez - Bibliotecária - CRB-1/3129

Obra atualizada conforme o
NOVO ACORDO ORTOGRÁFICO DA LÍNGUA PORTUGUESA

**Global Editora e Distribuidora Ltda.**
Rua Pirapitingui, 111 – Liberdade
CEP 01508-020 – São Paulo – SP
Tel.: (11) 3277-7999
e-mail: global@globaleditora.com.br

 grupoeditorialglobal.com.br     @globaleditora

 /globaleditora     @globaleditora

 /globaleditora     /globaleditora

  blog.grupoeditorialglobal.com.br

Direitos reservados.
Colabore com a produção científica e cultural.
Proibida a reprodução total ou parcial desta obra sem a autorização do editor.

Nº de Catálogo: **4618**

# A EDUCAÇÃO CONTRA A EDUCAÇÃO

*A Claude Pantillon, cuja disponibilidade, direção pessoal
e atenta durante os anos em que fui seu assistente na
Universidade de Genebra facilitaram enormemente os
trabalhos e pesquisas que deram origem a este estudo.*

# SUMÁRIO

A questão da educação     13

Apresentação da nova edição     15

Prefácio_Ideologia e educação – Reflexões sobre a não neutralidade
da educação_Paulo Freire     21

Introdução_Exposição geral de nosso estudo – Duas questões     29

Capítulo I_A questão do sentido da educação     31

1   História da questão     34

    Pressuposto da pesquisa em educação: implicação
do sujeito (práxis)     35

      Discurso "sobre" e discurso "de"     35

      Utopia e cotidianidade     36

    A Educação Permanente como lugar de interrogação filosófica     38

2   O sentido da educação e a filosofia da educação     39

Capítulo II_A questão do sentido do método     45

1   O método de nossa pesquisa: fenomenologia hermenêutica     45

    O método fenomenológico como história (práxis)
e como maneira de ser     46

    Por que uma fenomenologia hermenêutica?     47

      O que é compreender um texto?     48

      Dimensão pedagógica da fenomenologia hermenêutica     50

      Fenômeno e discurso     51

      Mostrar-se e esconder-se     53

    Demitologização: tarefa da fenomenologia hermenêutica     56

      Demitologização, redução e "destruição"     56

      Demitologização e objetivismo     58

| | |
|---|---|
| 2  Plano de trabalho | 61 |
| Um estudo fenomenológico-hermenêutico | 61 |
| Leitura fundamentalista: o momento da patência | 63 |
| Leitura histórica: o momento da suspeita | 64 |
| Leitura fundamental: o momento da suspeita da suspeita | 65 |
| Tese geral e hipóteses | 66 |

**Primeira parte_Fenomenologia da Educação Permanente**     **69**

Capítulo I_A Educação Permanente como evento     71

| | |
|---|---|
| 1  A formação da ideia de educação permanente | 72 |
| Origem mítica e utópica | 72 |
| Ancianidade e novidade | 75 |
| 2  A invasão da Educação Permanente | 78 |

Capítulo II_A Educação Permanente como discurso     83

| | |
|---|---|
| 1  Um discurso não destituído de unidade | 83 |
| Unidade ao nível do continente | 85 |
| A globalização da educação | 88 |
| Projeto e ação | 90 |
| 2  Um discurso nutrido pela diversidade | 93 |
| Diversidade em relação ao conceito de educação permanente | 95 |
| Funções e expectativas | 96 |
| O suporte institucional | 98 |

Capítulo III_A Educação Permanente como fenômeno     103

| | |
|---|---|
| 1  Primeira argumentação: "princípio de realidade" (fenômeno) | 103 |
| Educação Permanente: processo em andamento e imperiosa necessidade | 104 |

| | |
|---|---|
| Educação Permanente: exigência da mudança e expressão do modo industrial de produção | 107 |
| A mudança | 107 |
| O modo industrial de produção | 109 |
| 2 Segunda argumentação: "recursos humanos" (articulação discurso-fenômeno) | 110 |
| Educação Permanente: "processo do ser" | 110 |
| Educação Permanente: projeção da educação | 111 |
| O "homem total" | 111 |
| A "cidade educativa" | 114 |
| Conclusão_ Quadro sinótico de uma leitura fundamentalista | 115 |

## Segunda parte_Hermenêutica da Educação Permanente — **123**

Capítulo I_A Educação Permanente como ideologia: primeira abordagem — 125

| | |
|---|---|
| 1 A visão clássica da ideologia | 127 |
| 2 A Educação Permanente como ideologia: primeira abordagem | 132 |
| Educação Permanente: dissimulação das desigualdades | 132 |
| Educação Permanente: uma nova religião? | 136 |

Capítulo II_A Educação Permanente como ideologia: segunda abordagem — 145

| | |
|---|---|
| 1 A visão moderna de ideologia | 146 |
| Conhecimento e interesse | 147 |
| Racionalização-racionalidade | 149 |
| A consciência tecnocrática | 152 |
| 2 A Educação Permanente como ideologia: segunda abordagem | 154 |
| Educação Permanente: expressão da consciência tecnocrática | 155 |
| Educação Permanente: racionalização produtivista e mecanismo de dependência sociocultural | 157 |
| Educação Permanente: instrumento a serviço da despolitização | 161 |
| Conclusão_ Quadro sinótico de uma leitura histórica | 163 |

**Terceira parte_Filosofia da Educação Permanente**     **169**

Capítulo I_A Educação Permanente e sua imagem do homem     171

     1 Limites da crítica das ideologias     172
     2 Educação Permanente: para que ser humano?     177

Capítulo II_O esquecimento fundamental da Educação Permanente:
a questão da educação     185

     1 Existência e educação     185
     2 O "quem" (o sujeito) da educação     188
     3 A educação: processo dialético de leitura
       e de transformação do mundo     189
     4 A educação: processo dialético de partilha
       e de conhecimento do mundo     191

Capítulo III_Por um outro começo     197

     1 De que fala (*logos*) a Educação Permanente?     198
     2 Será preciso começar por "destruir" a educação (permanente)?     202

**A propósito de "A educação contra a educação"_Claude Pantillon**     **207**

**Posfácio_Emergência de outra educação possível**     **213**

**Referências bibliográficas**     **217**

# A questão da educação

*Local: uma praça pública em Atenas*

MÊNON – Estarias disposto a dizer-me, Sócrates, se a virtude pode ser ensinada? Ou se pode ser adquirida pelo exercício? Ou quem sabe se não é nem ensinável nem adquirível pela prática, mas recebida de nossa própria natureza? Ou, talvez, de outra qualquer maneira? [...]

SÓCRATES – A questão não é outra a não ser esta: a virtude é uma coisa que se ensina? Não está claro para todos que nada além do saber pode ser ensinado a um homem?

MÊNON – É o que eu penso.

SÓCRATES – Ora, supondo que a virtude seja um certo saber, ela seria, está claro, alguma coisa que pode ser ensinada [...]. Como os homens bons não são bons por natureza, será que eles se tornam bons através do estudo?

MÊNON – É verdade [...].

SÓCRATES – Ora, poderias apontar-me uma outra matéria, seja qual for, em cujo ensino aqueles que se apresentam como mestres, longe de serem considerados mestres dos outros, são considerados, ao contrário, como ignorantes e mal-informados no próprio assunto em que querem passar por sábios? Aqueles que consideramos hábeis e honestos afirmam que a virtude tanto pode ser ensinada como não. Podes achar que são mestres aqueles que nem sequer estão de acordo consigo?

MÊNON – Claro que não.

SÓCRATES – Por conseguinte, se nem os sofistas nem os homens bons e honestos podem ensinar esta matéria, é evidente que ninguém mais o poderá; não achas?

MÊNON – Sim.

SÓCRATES – E não havendo professores, não pode haver alunos?

MÊNON – Tens razão.

SÓCRATES – Ora, não deixamos dito, há pouco, que não pode ser ensinada nenhuma disciplina de que não há nem professores nem alunos?

MÊNON – Exatamente.

SÓCRATES – Ora, da virtude não há professores?

MÊNON – Não.

SÓCRATES – Logo, nem alunos?

MÊNON – Necessariamente.

SÓCRATES – Portanto, a virtude não é ensinável!

MÊNON – Sim, segundo nossas afirmações, não é. Esta conclusão, todavia, caro Sócrates, me perturba um pouco, e chego mesmo a perguntar se de fato há homens bons, e, se os há, de que modo conseguem sê-lo?

Platon, "Menon", 1970.

*Hoje, no tempo das Ciências da Educação, estamos nós em posição menos embaraçosa do que Mênon? De forma alguma. É por isso que convém colocar novamente a questão socrática, indagando a respeito da educação. Porque a questão da educação caiu de tal forma no esquecimento que o objetivo deste trabalho seria atingido se conseguisse, ao menos, dar a essa questão a audiência que lhe é devida.*

# Apresentação da nova edição

Caro leitor, cara leitora,

Antes de iniciar esta caminhada comigo, sinto necessidade de compartilhar com você em que contexto este livro foi escrito. Foi nos anos de 1970. Vários países da África viviam lutas pela sua independência. A América Latina passava por regimes autoritários e, mundo afora, desde a década anterior, estudantes e professores se envolviam em movimentos por outra educação possível, como o Movimento da Educação Popular.

Em meio a essa efervescência política e pedagógica, eu estava preparando meu projeto de tese em Filosofia da Educação na Universidade de Genebra. Me chamou a atenção o fato de que o discurso e a prática da Educação Permanente estavam se sobrepondo à Educação de Adultos. No Brasil, por exemplo, o regime militar estava criando o Sistema de Educação Permanente, onde se situava o Mobral (Movimento Brasileiro de Alfabetização), em substituição ao Programa Nacional de Alfabetização de Paulo Freire. Era fundamentalmente um projeto de inculcação ideológica que se apoiava, segundo seus autores, nos conceitos da Unesco de Alfabetização Funcional e Educação Permanente, que se diziam neutros.

Quando cheguei a Genebra, em 1973, eu não tinha ainda uma visão clara da importância do que estava acontecendo no campo dos sistemas educativos e o que preocupava tanto as autoridades internacionais responsáveis pelo "bom comportamento" da educação. "Estudem, mas não façam a guerra", ironizava meu orientador de tese Claude Pantillon. Era preciso substituir o sistema "tradicional" de ensino, considerado obsoleto, por um sistema de Educação Permanente. Seria uma espécie de resposta à crise educacional apontada por Philip H. Coombs, diretor do Instituto Internacional de Planificação da Educação (IIPE) da Unesco. De qualquer forma, eu entendia que se tratava de um projeto maior do que a educação, uma visão de mundo e de sociedade. Na época não tinha ainda consciência do que estava em estruturação e de suas consequências, mas tinha uma pergunta na cabeça: por que os organismos internacionais estavam tão interessados nessa temática?

Ficou claro para mim que o que se aplicava à Educação de Adultos, na concepção da Educação Permanente, aplicava-se também à educação em geral. O discurso da Educação Permanente remetia ao sistema educativo como um todo. Tratava-se, na verdade, de um discurso elaborado pela Organização para a Cooperação e o Desenvolvimento Econômico (OCDE) e pelo Banco Mundial em defesa de uma "educação bancária", em direção oposta à "pedagogia do oprimido", apresentada por Paulo Freire na primavera de 1968. Essa era a hipótese que eu submeti à apreciação do Colégio de Doutores da Escola de Psicologia e de Ciências da Educação da Universidade de Genebra, como era de praxe. Desde as primeiras leituras que fiz sobre o tema para preparar esse projeto de tese de doutorado, já se destacava uma característica desse discurso da Educação Permanente como um conceito que englobava muito mais do que a formação profissional. Ele representava um projeto muito maior de transformação dos sistemas de ensino como um todo, pois supunha uma reestruturação global do conjunto das instituições escolares na direção oposta à tradição emancipatória e transformadora da Educação Popular.

No início, não passava de uma hipótese, como na produção de qualquer tese, que, aos poucos, se transformou numa constatação, a partir de pesquisas e de diálogos com Claude Pantillon, Paulo Freire e Pierre Furter. Essa primeira intuição se consolidou com o tempo, demonstrando que minhas preocupações não eram infundadas. Ao mesmo tempo em que eu desvelava a ideologia da Educação Permanente de que falava Freire, evidenciando o ocultamento da questão dos fins da educação, sentia a necessidade de construir outra educação possível, saindo da crítica para a elaboração da proposta. Era preciso passar da "destruição" para a "reconstrução". Utilizei a palavra "destruição", na tese, a partir do significado que Martin Heidegger dá a essa palavra, distinguindo-a da "aniquilação", na qual nada é aproveitado.

Sim, fazia uma crítica "destrutiva" à Educação Permanente como uma "educação contra a educação". Ao utilizar a expressão "educação contra a educação", pretendia mostrar exatamente isso: a educação é essencialmente um espaço em disputa de sentidos. Nos anos de 1960 e 1970, isso era particularmente evidente. Hoje, em 2024, refletindo sobre aquele momento de efervescência política, tenho mais clareza e posso entender melhor a importância do que estava acontecendo naquela época, sobretudo pelas consequências que os anos de 1960 e 1970 tiveram no campo da educação nas décadas seguintes. É o que mostrei recentemente no livro *Programados para aprender*, primeiro volume desta série da Global Editora.

Estavam certos meu orientador de tese quando dizia que a educação tornara-se "fundamentalmente suspeita" e Paulo Freire quando, me arguindo na banca examinadora da tese, em 1977, chamava a nossa atenção para mais um discurso da "pedagogia do colonizador", alertando para o perigo da "invasão cultural", para o perigo da "infiltração da ideologia veiculada através da chamada Educação Permanente". Tratava-se de algo que fazia parte de um projeto global que o *establishment*, o sistema, estava dando ao movimento de estudantes e professores, iniciado em 1968, bem como ao movimento por uma Educação Popular emancipadora.

Anos depois, esse projeto global, que prometia igualdade de oportunidades, mostrou a que veio: sob a perspectiva da igualdade, ele foi um fracasso. Ignorando o debate em torno dos fins e objetivos da educação, esse modelo centrou-se mais nos meios. Como sustenta Hannah Arendt, a crise da educação deveria ser examinada à luz da crise global à qual a crise da educação está associada. E isso foi propositadamente "esquecido" no projeto da Educação Permanente. Por isso, não poderia ser outro o seu desfecho.

Sinto que é precisamente esse pacto educativo global que se estabeleceu naquela época, centrado na ideia de uma educação ao longo da vida (Lifelong Education) – conceito correspondente à Educação Permanente –, que está hoje em crise. Daí a importância de retomar suas origens, quando a Unesco, hoje, convida-nos a "reimaginar" um novo "contrato social para a educação", resgatando as raízes humanistas da educação. Se a educação não é a responsável pelo ressurgimento do fascismo no mundo, também não podemos ignorar que o pacto educativo global dominante, centrado na lógica do mercado, em detrimento da formação crítica das pessoas, vem contribuindo para isso. Uma educação que se esconde atrás de uma pseudoneutralidade torna-se cúmplice desse processo.

Esse projeto falhou no que mais se espera de uma educação cuja referência é o humano. Ao criar uma máquina meritocrática baseada na competição sem igualdade de chances, que separa vencidos e vencedores, o pacto educativo global, hoje dominante, fortaleceu a indiferença frente à cruel desigualdade social. Precisamos de uma outra educação que nos torne melhores para melhorar a vida de todos e não simplesmente para ter "sucesso" na nossa vida. A vida não se resume em vencer ou não vencer. Quando a educação se torna um campo de batalha que resulta em vencidos e vencedores, presas e predadores, ela deixa de ser uma alternativa à catástrofe para se tornar parte dela, parte da barbárie.

A educação, para mim, sempre foi um combate em favor de uma sociedade justa, por mais igualdade e felicidade para todos e todas. Por isso, ao escolher o tema da Educação Permanente como tese de doutorado, a primeira pergunta que me fiz foi: a favor de quem e contra quem está a Educação Permanente? Uma tese em Filosofia da Educação deveria tratar necessariamente dos "fins da educação", como sustentavam Olivier Reboul e Paul Ricoeur. Eu deveria, portanto, perguntar aos que promoviam a ideia de uma educação ao longo da vida, qual era o seu projeto de sociedade, qual era a sua ideologia, já que não existe educação neutra. A resposta que tive de seus promotores foi a de que a Educação Permanente não tinha ideologia. E aí começou meu embate: o discurso da Educação Permanente está escondendo o quê? O que estaria por trás dessa máscara de neutralidade?

Sou fascinado pelos primeiros registros humanos contidos em paredes de antigas cavernas. Fico imaginando como foram feitos, com que intenções, pensando em quê, por quê, para quê. Procuro me colocar no coração e na mente desses "escritores" que se utilizavam de tudo o que dispunham para deixar uma pegada, uma mensagem. Como eles, recorri a tudo de que dispunha, com o compromisso e a seriedade que me movem, tentando esculpir algo – "em toda a sua verdade", como afirma Rousseau no início de suas *Confissões* – que possa contribuir com a nossa caminhada coletiva em busca de uma educação que humanize.

Tentei ser claro e didático. Ficaria feliz se o leitor, a leitora, se colocassem a caminho e dialogassem comigo nesta travessia, sem pressa, "escovando as palavras" (Manoel de Barros) como fazem os arqueólogos ao buscar vestígios de nossa humanidade comum.

Espero que goste e vá além, imaginando e abrindo caminhos novos para outras caminhadas possíveis.

Boa viagem!

# Ideologia e educação

*Reflexões sobre a não
neutralidade da educação*

Meu caro Moacir,

Gostaria de, em primeiro lugar, sublinhar a satisfação que a leitura de seu trabalho me provocou. Satisfação que me acompanhou página por página, mesmo quando, às vezes, não estivesse totalmente de acordo com uma ou outra análise, com uma ou outra afirmação.

A primeira impressão forte que a leitura de sua tese me deu, nas suas páginas iniciais, impressão que se foi tornando, ao longo da leitura, uma convicção, é a de que sua tese é, sobretudo, o relatório de uma inquieta busca, permanente busca em que você se encontra e a que lhe seria demasiado difícil renunciar. Talvez, por isso, é que se sinta em seu trabalho a presença constante do homem que o escreveu e do concreto sobre que falou.

Sua tese não tem nada que ver com certos livros – e quantos! – cujos autores, trombeteando o respeito à objetividade. Como se não estivessem ambas em dialética relação. Como se o mundo fosse um enorme laboratório de anatomia e a realidade um cadáver que o analista fosse dissecando, peça por peça, de máscara e de luvas. Como se a objetividade da ciência, o rigor científico, o respeito pela verdade da realidade fossem sinônimos de neutralidade; como se o investigador não fizesse parte, também, da realidade que analisa. Como se sua prática científica se explicasse por si mesma e não, como toda prática, pelas finalidades que a motivam.

E porque você critica e rechaça essa neutralidade impossível é que se dá à busca comprometidamente, de maneira radical, jamais sectária, por isso mesmo aberto ao diálogo e não inclinado à polêmica. Ao diálogo, inclusive, sobre certos temas considerados polêmicos. E é a radicalidade, característica de toda posição crítica e não ingênua ou "irracional", que constitui um dos aspectos altamente positivos de seu trabalho. Se, de um lado, o homem ou a mulher radical não se pretende possuidor da verdade, de outro, recusa concessões amaciadoras no processo de sua busca. É que, no momento em que se acomode astutamente, em que quede silencioso ou silenciosa quando devia dizer a palavra, em que cruze os braços quando devia agir, capitula antes de lutar.

Como um educador que jamais acreditou no mito da neutralidade da educação, convencido de que toda neutralidade afirmada é sempre uma opção escondida, é que li sua tese, assumindo, na sua leitura, a sua radicalidade e a sua veemência na crítica a esse mito.

Como um educador que toma o ato educativo como um ato político, minha preocupação fundamental, diante de sua tese, procurando nela adentrar-me, foi, em primeiro lugar, perceber como você percebia este ato e como nele se experimentava. Esta era para mim a questão de fundo. Por isso é que por ela comecei esta conversa com você. Conversa em que lhe digo também como um homem de uma geração que precede a sua e de uma região – a do nordeste do Brasil, que não é a sua, – da importância de seu trabalho para o Brasil.

A denúncia que você faz da mitificação da chamada Educação Permanente, que não surge por acaso nem por obra voluntarista de educadores, mas como resposta necessária a certos problemas das sociedades capitalistas avançadas, cuja permanência a educação chamada permanente pretende ajudar, em que pese sua proclamação de neutralidade, é indiscutivelmente atual para o Brasil.

Gostaria de alongar nosso diálogo nesta manhã propondo algumas reflexões que me surgiram ao longo da leitura de sua tese. A primeira delas seria em torno da necessidade de resgatar o caráter permanente da educação como quefazer estritamente humano. Na verdade, faz parte da essência do ser da educação a permanência. O adjetivo "permanente" juntado a ela não é só uma redundância, mas o que é pior, uma distorção. A educação é permanente, I – na medida mesma em que os seres humanos, enquanto seres históricos, e com o mundo, são seres inacabados e conscientes de seu inacabamento; II – na medida em que se movem numa realidade igualmente inacabada. Numa realidade contraditória e dinâmica, realidade que não é, pois que para ser tem de estar sendo. Este caráter permanente da educação não tem nada que ver, porém, com a chamada Educação Permanente que você lucidamente critica. O que esta educação parece vir insinuando, através do adjetivo "permanente" com o qual conota o substantivo "educação", é a redução de toda educação a ela, isto é, à Educação Permanente. É como se seus teóricos, ou melhor, seus ideólogos, "retirando" do ser da educação a qualidade da permanência, transformando-a num adjetivo necessário, apresentando-a como *a* própria educação. Daí a necessidade do resgaste de que antes falei. Neste sentido, a análise crítica feita por você em torno da não neutralidade da educação chamada "permanente" é uma análise da educação mesma.

Gostaria ainda de sublinhar a coincidência de haver começado a leitura de tua tese em Luanda, capital da Angola, e de haver continuado essa leitura em São Tomé. Eu me defrontava com um texto, com um discurso que critica e analisa a Educação Permanente, numa sociedade dramaticamente em transição e que se empenha na superação necessária de sua herança colonial, do que significou a pedagogia do colonizador, para a constituição de sua nova educação, que corresponde aos interesses novos da nova sociedade em formação. Estas sociedades necessitam da educação "em permanência", mas não da educação "permanente" em primeiro lugar. Daí também agora dizer a você da importância da sua tese para estas sociedades também. O que não significa que as vanguardas destes países aceitem todas as análises que estão aqui. Mas o chamamento à atenção para o perigo da inovação cultural, o perigo da infiltração da ideologia veiculada através da chamada Educação Permanente, é fundamental para a Angola, para Moçambique, para São Tomé, para a Guiné, para Cabo Verde, engajados atualmente na busca da sua própria educação.

Uma outra reflexão, que implica uma indagação que lhe faço, diz respeito ao próprio título da tese: *A educação contra a educação*. O receio que me assalta, ao nível em que me acho na compreensão da educação (daí a necessidade de um esclarecimento que talvez me mova de onde estou), é que, ao considerar uma certa educação como antieducação, você, necessariamente, caia na perfilização *a priori* de um modelo de educação que seria *a* educação. Ou você pretende, com isso, afirmar a necessária ambiguidade e a dialeticidade da educação? De minha parte tenho preferido discutir a educação como prática da domesticação e a educação como prática ou façanha da liberdade. Enquanto nesta o desenvolvimento da consciência das coisas e dos fatos que o rodeiam, naquela se apresenta ao educando a realidade como um *dado aí*, feito e acabado. Na educação como façanha da liberdade, ser consciente não é uma fórmula ou um "slogan", mas a forma de estar sendo dos seres humanos, enquanto seres que não apenas conhecem, mas sabem que conhecem.

Na linha destas considerações, citarei um trecho seu, permitindo-me um comentário: "*pensar* é uma coisa que a consciência tecnocrática não pode permitir-se nem permitir a outros. É preciso *agir* e agir depressa. Para isso é preciso evitar toda discussão 'inútil'.

É por isso que a discussão sobre os fins do trabalho humano e sobre a condição humana aí está ausente".

A discussão sobre os fins do trabalho humano e sobre a condição humana inexiste para o tecnocrata não tanto porque pensar para ele, em lugar de agir e agir depressa, seja "inútil". Aí está a camuflagem ideológica em que ele se esconde, a manha da consciência com que se defende. Na verdade, pensar o processo de trabalho é vetado porque é perigoso. E não há como se esperar de uma educação, com ou sem adjetivos, a serviço da preservação, do modo de produção capitalista, que tome como objeto de reflexão crítica o processo produtivo. Uma tal análise terminaria por desvelar a razão de ser da alienação do trabalho, de sua degradação. Por isso mesmo é que a ênfase exclusiva deve ser dada não à formação integral e política do trabalhador, mas a seu treinamento em destrezas cada vez em menor tempo. Daí a ideológica "desideologização" e despolitização da Educação Permanente que você desvela e desnuda em seu estudo.

Em recente e excelente livro, *Labor and Monopoly Capital – The Degradation of Work in the Twentieth Century*, diz Harry Braverman (1977, p. 360): "Quanto mais a ciência é incorporada ao processo de trabalho, tanto menos o trabalhador compreende o processo; quanto mais a máquina se torna um produto intelectual sofisticado, tanto menos controle e compreensão da máquina o trabalhador tem. Em outras palavras, quanto mais o trabalhador necessita de conhecer no sentido de permanecer um ser humano no trabalho, tanto menos ele ou ela sabe".

Apenas em alguns pontos mais, entre os muitos que sua tese suscita, gostaria de tocar. Um deles diz respeito às relações entre educação e produção. Relações necessárias e fundamentais. A maneira, porém, como essas relações se dão depende das finalidades e objetivos políticos de quem detém o poder.

Uma sociedade que aspira a tornar-se uma sociedade de trabalhadores, com a superação das dicotomias básicas que conhecemos, a dicotomia entre trabalho manual e trabalho intelectual (prática e teoria), a dicotomia entre ensinar e aprender, finalmente, a dicotomia entre conhecer o conhecimento existente e criar o novo conhecimento, tem de ter necessariamente no trabalho produtivo a fonte do conhecimento. De tal forma que, em certo momento, já não se estuda para trabalhar, já não se trabalha para estudar porque se estuda ao trabalhar.

São esses os pontos sobre os quais gostaria de dialogar com você.

**Paulo Freire**
Genebra, 5 de março de 1977.

_____ Introdução

# EXPOSIÇÃO GERAL DE NOSSO ESTUDO
## DUAS QUESTÕES

# Capítulo I

## A questão do sentido da educação

Inspirado pela questão levantada por Heidegger a propósito do ser e da metafísica, este trabalho pretende colocar em evidência um assunto do qual se fala constantemente, mas pouco se interrogando sobre o seu sentido. Na realidade, perdeu-se o sentido desta questão fundamental: o que é a educação? Esta questão que outrora, do mesmo modo que o problema do ser, havia inspirado a reflexão de Platão e Aristóteles preocupa cada vez menos a pesquisa atual de educação. Mas este não é um simples esquecimento, uma negligência: a questão da educação não está inteiramente ausente da literatura pedagógica atual. Ela aí está como *dogma*, como *preconceito*, como *mito* e exerce uma pressão tanto mais forte quanto mais ela fica escondida pela escalada da "inovação" e pelo número crescente de meios, técnicas e métodos. Como na questão do ser, edificou-se o dogma segundo o qual a questão da educação é muito geral e vazia de sentido para que nos ocupemos dela, como na questão do ser criou-se o preconceito segundo o qual a universalidade da questão impede de defini-la e explicitá-la e o mito segundo o qual a educação é uma questão evidente e que, por consequência, é preciso educar, é necessário ensinar sempre e cada vez mais.

Esta universalidade permite utilizar constantemente o termo "educação" dando-lhe o sentido que convém aos interesses de cada um. Este caráter "indefinível" não nos dispensa contudo de colocar a questão concernente ao seu sentido. Ao contrário, ele nos obriga a colocá-la. Uma questão muito geral a qual todos respondem como a questão "como vai você" mostra muito mais uma incompreensibilidade que uma compreensibilidade: quantas realidades "objetivas" podem esconder-se "atrás" da afirmação "eu vou bem!". E contudo a questão "como vai você" parece "evidente" e de fácil compreensão.

O que é a educação, então, que sempre foi compreendida e cujo sentido, entretanto, nos escapa a tal ponto que hoje seja preciso repetir a questão a seu respeito? A resposta a esta questão faz falta da mesma maneira que uma elaboração adequada da questão. Não se trata de responder sem mais nada. Em primeiro lugar é preciso elaborar sua *problemática*, no contexto onde ela se apresenta hoje.

Certamente, muitos outros antes de nós colocaram essa questão. Sócrates já perguntava "se a virtude pode ser ensinada". Esta a maneira socrática de colocar a questão da educação. Nossos mestres não estão hoje em melhores condições do que Pitágoras ao qual Sócrates objetava que Péricles não tinha sabido transmitir a sua virtude política a seus próprios filhos.

Nossa sociedade tende a formar homens para a atividade do trabalho industrial em vez de prepará-los para a vida. Será que é isso que deve ser feito? Eis a *dúvida*, o método de Descartes, servindo ainda para chamar a atenção da nossa "jovem tecnocracia" que preenche os quadros de nosso sistema escolar.

Da mesma forma, concederia atualidade pedagógica à grave questão de Kant interrogando-se se é possível conhecer. Todos os filósofos, à sua maneira, repetiram a questão da educação, no seu tempo. Para explicitá-la a nosso modo, hoje, seria preciso estar atentos a toda uma literatura sobre o assunto. Da mesma maneira que esses filósofos, somos interpelados pelas questões que eles levantaram a respeito da educação. Só que não pretendemos colocar essa questão da mesma forma que eles. Eles seguiram o caminho que Heidegger também seguiu em relação à questão do ser, isto é, o *caminho curto* de uma ontologia fundamental, de um *cogito*. Pensaram a educação. Se queremos colocar a questão da educação de maneira original, devemos seguir um outro caminho, um *caminho mais longo* que faz passar a reflexão pela experiência, pelo ato.

Na educação não há somente um *cogito* que se interroga, há um *ato* a produzir. Em consequência, o caminho curto de uma ontologia fundamental, baseada na pura reflexão, nos é proibido. Não podemos tratar a questão da educação da mesma forma que a questão metafísica. A natureza ativa da educação orienta a forma fundamental de colocar a questão a seu respeito. Nos resta o *caminho longo*. Qual é esse caminho?

A passagem pelo mundo da palavra, pelo mundo do discurso é insuficiente para a explicitação da questão da educação e de seu esquecimento, pois o sujeito que coloca a questão está implicado, ele próprio, nesta questão. É por isso que em educação o caminho longo consiste essencialmente na experiência da educação.[1] Esta experiência alimenta, constantemente, a palavra, uma palavra nascida

---

[1] Procedendo assim, nós nos distanciamos logo de Heidegger porque não tomamos o mesmo caminho. Contudo, a distância que nos separa de Heidegger consiste menos na preocupação que orienta a explicação da questão da educação do que na maneira de abordar esta questão. Porque nós não podemos nem queremos fazer aqui economia da experiência concreta da educação, visto que ela é, antes de mais nada, um ato, e não apenas um objeto de reflexão.

da experiência vivida e, em relação permanente com um contexto, com uma história.

# 1 História da questão

Toda questão não pode se manifestar senão a título de comportamento do sujeito que questiona. Uma questão é um acontecimento, é um evento, uma conquista, uma explosão no tempo e no espaço, no vivido daquele que tem a possibilidade de colocar questões, isto é, qualquer homem, qualquer mulher. As "novas" questões de cada época são o produto dessa época. Elas não se colocam sem um "interesse" (Habermas), sem uma inquietação (Heidegger). A inquietação preside o aparecimento de uma questão. Ela a precede e a provoca. É por isso que nós podemos afirmar sem erro que a questão da educação é um produto, em nossa história, de nossa "experiência negativa" (Sartre) da educação.

Sentimos em nós mesmos este mal-estar, esta epidemia que se propaga hoje na educação e numa sociedade que avança na escuridão porque ela perdeu – felizmente, talvez – sua solidez. Em nossa experiência de professor, de aluno, de participante de grupos de estudos e seminários, temos sido frequentemente surpreendidos por problemas, por sinais que manifestam o grau de obscuridade e de confusão no qual se encontra a pedagogia atual.

É a partir deste *contexto* que a questão da educação tal como se apresenta neste trabalho começou a se colocar: quem pode nos ensinar a educar? A educação não é responsabilidade de todos? Qualquer um pode nos "dizer" o que é a educação? Todas essas interrogações, e outras, nos têm incomodado. Sim, porque estamos diretamente implicados neste "caso" desde que nos propusemos a apresentar uma pesquisa em educação.

## Pressuposto da pesquisa em educação: implicação do sujeito (práxis)

Implicados em um trabalho de pesquisa em educação, dentro de uma Universidade, a primeira dificuldade com a qual nos defrontamos é o fato mesmo de sermos obrigados a nos submeter a certas exigências acadêmicas que frequentemente definem de antemão o que precisa ser feito em matéria de educação. Não se pode começar uma pesquisa em educação, notadamente se ela se faz num quadro universitário ou pelos canais de uma das numerosas instituições de pesquisa atuais, sem que todo um discurso seja ouvido sobre o que se deve fazer, como fazer, por que fazer, a aplicação, os limites etc. Mas sem nenhuma referência à natureza da educação, à experiência, ao ato educativo.

A educação é, antes de mais nada, ação, práxis, decisão. Assim, falar "sobre" a educação sem esse pressuposto é trair a própria natureza da educação.

Eis por que a interrogação sobre o que é uma pesquisa é primordial antes de se empreender tal tarefa. Fazer um novo discurso sobre a educação pode acelerar a inflação pedagógica e nos impedir de praticar a educação.

## Discurso "sobre" e discurso "de"

É preciso produzir um discurso, um saber, mesmo admitindo que uma tese em educação não é apenas um discurso sobre educação. É preciso passar por este mundo edificado sobre o poder da palavra, da teoria. E a teoria, a contemplação, as considerações sobre o *ser* podem se revelar uma aberrante forma de alienação, se este *ser* não é qualquer coisa de *cotidiano*, alguma coisa que nós somos, nós mesmos, se este discurso fica exterior e não engaja a nossa vida ativa. Se nossa tese, por preocupação de rigor, de racionalidade, de academicismo, se desvia do cotidiano e se afasta do vivido, como tese de Filosofia da Educação terá perdido seu valor.

O cuidado pela coerência nos parece assim primordial antes mesmo de colocar a questão de "como" empreender uma pesquisa em educação. A eficácia de um discurso em educação não se deve à rigorosa lógica interna de sua metodologia. Deve-se, antes de mais nada, à coerência do conteúdo do discurso com o sujeito que o pronuncia. O discurso educativo se nutre constantemente desta relação com seu autor.

Não se trata de colocar em questão todo e qualquer discurso. Em *Filosofia da Educação*, entretanto, mantemos esta distinção entre discurso "sobre" e discurso "de". Não se faz uma tese *sobre* educação: o sujeito está implicado. Falar de educação é falar de mim mesmo. Eu não posso me abstrair de minha marcha, de minha história, fazendo um discurso, uma tese de Filosofia da Educação. Eis por que uma tese, um trabalho de pesquisa em educação nunca é neutro. Se o pesquisador de ciências da educação pode fazer abstração de sua subjetividade, isto não é possível para o filósofo. A recusa da neutralidade significa aqui a recusa do Sujeito Objetivo, impessoal, e do Sujeito Ideológico, alienado e alienante, os dois perdidos na impessoalidade. A não neutralidade torna o discurso da Filosofia da Educação extremamente vulnerável, é verdade, mas esta vulnerabilidade é ao mesmo tempo seu *limite* e toda sua riqueza.

## Utopia e cotidianidade

O apelo ao cotidiano torna-se como que o horizonte de toda pesquisa em educação. A realidade da educação não é feita de *grandes teorias*. Em um jogo de xadrez os pequenos peões são tão importantes quanto a rainha. Graças a eles se armam os mais belos golpes. Aquele que despreza o valor dos peões está frequentemente condenado ao fracasso. Em educação, as grandes teorias são estas "grandes peças" que nos impedem de dar importância aos pequenos "peões", que nos impedem de dar pequenos passos, que nos fazem perder tempo querendo ganhá-lo, que nos fazem perder os sinais, os momentos de lucidez na loucura, os momentos de equilíbrio e de harmonia da existência cotidiana. O grande discurso, a grande utopia é uma forma de *pessimismo*, o pessimismo que consiste em remeter tudo ao amanhã; é uma forma de *fatalismo* que nos impede de ver, de ver que um longo caminho começa sempre por um pequeno passo. A floresta da contemplação pode nos esconder a árvore da existência pessoal.

Enfim, na nossa cotidianidade as grandes teorias estão mortas. Há coisas a fazer, respostas a dar. Nós estamos tratando com os vivos, com seres que se movem, que não são frutos de abstração pedagógica. Para eles, para estas pessoas que "existem", uma foto de família, uma visita a um supermercado, uma amostra de um produto farmacêutico, falam mais que um livro, que uma teoria. Se não se quer transformar pouco a pouco o ato educativo e o ato filosófico em um ato ideológico, de ocultação, é absolutamente necessário perceber que a educação, a filosofia, é alguma coisa que se faz aqui e agora.

O discurso, a crítica, a reflexão não são suficientes. E se há um discurso a fazer, se é preciso criticar, desmistificar, suspeitar da educação, isto se fará essencialmente por uma *prática resoluta da educação*. De outra forma, uma pesquisa em educação é uma extirpação, um fechamento, um círculo trágico e fatalista de críticas e de análises sem saída. Se nossa tarefa não nos ajuda a nos educar, todo nosso trabalho em educação é inútil. Se saímos do nosso trabalho do mesmo modo como aí entramos, perdemos nosso tempo. Enfim, se nossa pesquisa fica exterior a nós, teremos feito a filosofia dos filósofos, a ciência dos cientistas, sucumbindo à tentação tecnocrática.

## A Educação Permanente como lugar de interrogação filosófica

A Educação Permanente não aparece em nossa história por acaso. Nos últimos decênios e sobretudo nos últimos anos, a história da educação parece uma proliferação anárquica de ideias, de concepções, de correntes. O advento da Educação Permanente está profundamente enraizado nessa anarquia. Ela se apresenta como a palavra de ordem capaz de reunir as correntes, de reduzir as concepções opostas e de alargar o próprio conceito de educação. O edifício que se tem construído ao redor do "princípio" da permanência do ato educativo é, sob este aspecto, extremamente significativo: é este evento que esconde toda uma *simbologia*. A Educação Permanente revela e manifesta uma realidade que a ultrapassa, dando seu nome a uma angústia que é bem mais ampla do que ela. Ela tem o privilégio de nos fazer pensar a educação tal como ela é hoje e como os pesquisadores a projetam para amanhã. Seu caráter de "universalidade" nos permite colocar-lhe a questão da educação.

Nossa tarefa não está isenta de riscos. Questionar um discurso recente é expor-se a inúmeros problemas. A Educação Permanente não é um discurso completo, acabado; sua história apenas começa. Há o risco, portanto, de uma falsa interpretação. Entretanto, ser contemporâneo da Educação Permanente oferece a vantagem de participar de sua manifestação. Por isso, nossa primeira tarefa foi viver uma experiência de Educação Permanente, *fazer* Educação Permanente, levar um discurso a sério e também aceitar não o considerar apenas como discurso.

A grande tentação do pesquisador, sobretudo se ele tem pretensões filosóficas, em face à Educação Permanente, habitada pela contradição, seria de colocar "ordem". Uma ordem vinda do exterior, imposta por uma metodologia, orientada por uma ideologia ou por uma visão do mundo. Uma reflexão de tendência radical, fundamental, ao contrário, não pode partir senão da escuta, da manifestação do fenômeno. Assim, nosso trabalho não é o de impor ao fenômeno uma "ordem" qualquer para simplificá-lo, para analisá-lo. Se há uma ordem a estabelecer, uma hierarquização, uma totalização, ela não será criada por um princípio qualquer de racionalização, será uma *ordem a restabelecer* mais que a *estabelecer*. Eis uma precaução e uma tentação a evitar.

Em que medida um discurso relativo à educação pode dar lugar a uma *interrogação filosófica*? Como é possível colocar a questão da educação a um discurso que fica ao nível da planificação, da estratégia, da economia da educação? Certamente, nas ciências da educação, a questão da educação não se coloca como tal. Aqui ela está solucionada, implícita, subjacente. Somente a perspectiva filosófica toma distância suficiente para interrogar sobre conceitos fundamentais. E no campo da educação trata-se de uma revisão dos fundamentos (um aprofundamento) e das concepções antropológicas que estão subjacentes a toda literatura pedagógica.

Um verdadeiro progresso das ciências da educação não pode se efetuar senão através da revisão mais ou menos radical de seus fundamentos. É a este nível que a interrogação filosófica pode prestar serviço à educação e em particular à Educação Permanente, mesmo se, através desta sua tarefa, ela coloca em evidência que se trata de um conceito perigoso e perverso de educação. Esta tarefa é menos a tarefa de uma filosofia geral do que de uma Filosofia da Educação.

## 2 O sentido da educação e a filosofia da educação

Nós devemos tratar a filosofia com a mesma suspeita que temos em relação à educação: a filosofia consiste em falar *sobre* a filosofia? A filosofia consiste em estudar a filosofia, em escrever tratados de filosofia? A filosofia, como a educação, é a *experiência* da filosofia? Pode-se, finalmente, saber qualquer coisa em filosofia sem *fazer* filosofia?

Se a filosofia vai ao "fundo das coisas", se ela procura a ordem das coisas, se ela penetra as coisas até a sua *raiz*, é ao nível das raízes, dos fundamentos, que uma interrogação da filosofia na educação tem sentido e importância. Ora, na educação (do humano), a raiz é o próprio humano. O essencial da reflexão filosófica sobre a educação é a *condição humana*, a antropologia.

É por isso que seu testemunho pode, às vezes, perturbar, inquietar, turvar os espíritos. Esse testemunho pode denunciar situações que conduzem a opressão do homem a uma educação da perversão. A tarefa de uma filosofia consiste também, desde suas origens, em boicotar todo projeto que se opõe ao humano, em desmistificar toda ação que opera o fechamento, e produz desigualdade.

A tarefa da *Filosofia da Educação* consiste precisamente em desvelar a condição humana e em propor vias de libertação para o ser humano. É justamente devido a esta preocupação do humano que habita o filósofo, que ele se opõe ao ideólogo.

O *ideólogo da educação* é a antítese do filósofo da educação. No interior do pensamento dominante, o ideólogo faz um trabalho de legitimação, consciente ou não, da dominação. Forjador de ilusões, o ideólogo é o sofista dos tempos modernos que vende barato sua ciência. Se no mercado a ideia dominante é a poesia e os sentimentos, ele achará logo que o coração é a parte mais importante do ser humano. Quando a inteligência, a racionalidade, adquire prestígio ele achará no bom momento que a cabeça é a parte central, em razão da qual todo resto deve ser concebido. Mas se é preciso legitimar a ideia de autogestão, de não diretividade, ele se apressa, antes que outros o façam, em provar "cientificamente" que o humano, que seu corpo, não tem partes mais importantes do que outras, mas que é um modelo de autogestão. No interior desta "*intelligentia*", "as formas de inteligência", as "epistemologias", as "teorias do conhecimento" são submetidas à lei da livre empresa. Se há um grande mercado para a relojoaria e para as atividades bancárias, encontrará facilmente testes de "inteligência" para descobrir entre as crianças aquelas que têm "vocação" para estes ofícios. Mas se a ideia da dominação é a educação dos adultos, o ideólogo encontrará facilmente uma "epistemologia" que sustenta a tese segundo a qual a idade adulta é a idade mais adaptada para o conhecimento. O ideólogo é, assim, a peça fundamental da engrenagem moderna.

A primeira tarefa da filosofia consiste em suspeitar-se de si mesma, suspeitar de sua maneira de proceder. Isto quer dizer esvaziar-se, despir-se, desmascarar sua face sagrada. Uma filosofia não é possível senão ao preço de sua "destruição" (Heidegger): para realizá-la é preciso primeiro suspeitar dela.

– Como se pode fazer Filosofia da Educação?

A Filosofia da Educação não estabelece métodos ou técnicas de educação; não visa a fornecer os meios de educação. Ela se ocupa ainda menos da análise do comportamento ou de relações entre pais e filhos. Seu objetivo não é a pedagogia nem a sociologia ou a psicologia da criança ou do adulto. A filosofia, como reflexão radical sobre todos os domínios da existência humana, coloca, primeiro, no que concerne à educação, estas questões fundamentais: o humano necessita ser educado? Pode ele ser educado? O que é a educação? A educação pode ser instrumento de libertação do ser humano? Finalmente a educação não é nociva, é ela o meio arrancado aos deuses para permitir ao ser humano o ato de existir?

Uma Filosofia da Educação pode também autoalienar-se, corromper-se, se ela se limitar à reflexão filosófica sobre a educação. Sem *práxis educativa* a Filosofia da Educação é uma ideologia.

O ideólogo não é questionado pelo que ele diz, ele não faz o que ele diz, porque ele aliena o que diz. Uma Filosofia da Educação é a expressão da "prática da educação" (Freire). O educador tem necessidade de ser educado (Marx). Ora, para o educador, a educadora, a maneira de se educar é precisamente a interrogação sobre as finalidades, os fins e os objetivos do que ele/ ela fazem. E quando um educador se interroga sobre suas finalidades, sobre a finalidade de sua empresa, ele filosofa e também se educa. A *educação dos educadores* começa por um ato pelo qual só o humano tem a possibilidade de ser um humano, quer dizer, decidir sobre a escolha de seus fins.

A educação é um lugar de interpelação e de interrogação filosófica por excelência, na medida em que, muito particularmente, a educação é um lugar onde o ser humano se interroga, responde diante do outro e por si mesmo, ao problema do sentido da existência, de seu ser-no--mundo. A educação é este lugar que o chama e o coloca totalmente em questão. E por isso ela se qualifica também como *área filosófica*.

Um trabalho de reflexão crítica, contudo, seria ainda incompleto, mesmo se ele mergulhasse na práxis, se não tentasse colocar igualmente em evidência as possibilidades, as promessas oferecidas pela educação. Se é indispensável fazer uma reflexão crítica, importa também mostrar um caminho, um horizonte e o meio de colocar tais promessas em obra, concretamente. Uma reflexão com tendência fundamental, um pensamento, não é eficaz senão na medida em que incide sobre a prática. Essa reflexão não é monopólio dos filósofos e da filosofia. Ela nasce do diálogo entre a reflexão filosófica e a prática educativa, entre a filosofia e as ciências da educação e exige, em consequência, a conjugação dos esforços de todos aqueles que partilham essa preocupação. O filósofo não pode ser um tipo de pessoa particular e abstrato que legifera *a priori* em nome de concepções do mundo ou de tradições.

Qual é a contribuição que uma intervenção filosófica pode trazer aos diversos projetos e teorias da educação ou à prática educativa? Certamente, o primeiro passo de uma Filosofia da Educação é de colocar-se a *escuta crítica*, de formar-se, de informar-se sobre o discurso e sobre a prática da educação. Em seguida ele deve se entregar a uma reflexão crítica destinada a colocar em evidência, notadamente, o problema das finalidades, a existência de uma antropologia subjacente. Uma colocação em evidência crítica parece indispensável, pois essas questões são frequentemente implícitas, insuficientemente elaboradas. A filosofia é "antes de mais nada um questionar concreto que surge, se desdobra, caminha numa situação particular, que se enraíza e afronta o presente. Ela é um acontecimento, o fato de um homem que, enquanto tal, interroga, aceita os problemas aos quais ele se encontra confrontado, situa-se ativamente e se situa em relação a eles" (Pantillon, 1974, p. 1).

A Educação Permanente representa hoje uma *situação concreta* em face a qual a filosofia, o ato filosófico, deveria surgir. A filosofia tem sido sempre a tentativa de respostas a tais situações. A *especificidade* de uma Filosofia da Educação consistiria então numa certa maneira de caminhar, de interrogar, em função desta situação no interior da qual reencontramos o homem como seu suporte e seu horizonte.

# Capítulo II

## A questão do sentido do método

– Que significa colocar a questão do sentido do método?

Significa que tal questão se constitui em problema nas ciências da educação. Significa, certamente, que não é suficiente aplicar uma técnica qualquer para desenvolver corretamente as questões referentes à educação. O que nos preocupa, contudo, nessas ciências, é o pressuposto segundo o qual o desenvolvimento correto de uma questão não é possível sem uma preliminar consideração metodológica que estabeleça, com precisão, o procedimento, o método, o "tratamento" dado ao objeto de estudo ou pesquisa.

Assim, é preciso que a maneira de afrontar nosso tema seja explicitada, que se faça dela, de certa maneira, um objeto temático.

## 1 O método de nossa pesquisa: fenomenologia hermenêutica

Comecemos pela afirmação de uma atitude muito conhecida pelos filósofos depois de Husserl: "a coisa mesma" (Husserl, 1971). Nossa maneira de enfrentar o tema de tese é caracterizada por essa atitude fundamental: se deixar conduzir pela coisa mesma, quer dizer, a educação, a Educação Permanente. Queremos evitar assim um "ponto de vista", uma "tendência", que pudesse manipular, imediatamente, o nosso objeto de investigação. Um trabalho de pesquisa determinado por um "ponto de vista" teria já encontrado, de algum modo, o que pretende encontrar. Deixar-se conduzir pela coisa mesma, ao contrário, é estabelecer apenas um certo número de preocupações, o esboço de uma direção (provisória) que se deseja dar a uma investigação. É esperar, sobretudo, que a coisa mesma determine a maneira, o tratamento, que se deve aplicar-lhe.

## O método fenomenológico como história (práxis) e como maneira de ser

"A coisa mesma! significa pôr em questão tudo que se sabe a respeito dela, os preconceitos, as premeditações. Mas esse questionamento não quer dizer a recusa ou o descarte de toda pré-compreensão. Toda pré-compreensão de um fenômeno, toda interpretação, é continuamente orientada pela maneira de se colocar a questão elaborada pelo sujeito a partir de uma práxis. O único 'pressuposto' não estranho à atitude fenomenológica é aquele em que toda compreensão é uma relação vital do intérprete com a coisa mesma. Daí a complementaridade necessária entre *fenomenologia* e *práxis*. Na verdade ela tem um 'pressuposto', quer dizer que ela é sempre dirigida por uma 'pré-compreensão' daquilo mesmo que, interpretando, o intérprete tenta compreender" (Ricoeur, 1965, p. 72). Porque o único fim da pré-compreensão é o de nos abrir o acesso à coisa mesma, quer dizer, ao fenômeno.

O "retorno às próprias coisas", para retomar a célebre expressão de Husserl, significa, certamente, não se deixar conduzir por técnicas de manipulação das coisas, mas significa também, em particular na nossa experiência, *o retorno às nossas origens*. Quer dizer que "o retorno às próprias coisas" é um retorno a um passado, a uma *história* sem a qual não há pensamento. É aceitar, numa primeira abordagem, que o mundo não é vazio, há os outros, as coisas, os símbolos. Nós somos sempre configurados por esta maneira de ser-no-mundo. Nossa palavra desdobra este passado e este mundo, um mundo onde nós não estamos sozinhos, onde nos defrontamos constantemente com o outro.

O confronto com as origens faz parte de nosso método, de nossa preocupação fundamental. Assim, nós partimos de nosso país para desembarcar no Velho Continente não para negar uma cultura que em parte nos foi imposta, mas para afrontá-la, para interrogá-la de mais perto, convencidos de que o saber, a cultura, não podem estar colocados verdadeiramente ao "serviço da humanidade" (Marx) sem este reencontro, sem este confronto, que venha superar a "dominação cultural" (Freire).

"A coisa mesma" significa, ainda, que o objeto se revela. À *revelação do objeto* corresponde a *abertura* do sujeito. Aberto é o indivíduo compreensível e abordável, sensível às ideias e aos fatos novos, atento às manifestações mesmo estranhas. Essa abertura pode manifestar-se através do discurso, pois, chegado o momento, o caminho se revela, a *experiência da situação acede* à palavra e à comunicação; o verdadeiro caminho se faz palavra. Nesse momento, então, não há mais um discurso "sobre", mas uma palavra enraizada. O estar com o outro que fundamenta a atitude fenomenológica se traduz pela comunicação dessa experiência.

## Por que uma fenomenologia hermenêutica?

Ao empreender a análise filosófica dos textos ou do discurso que nos fala de Educação Permanente, duas questões surgem imediatamente: o que é um texto? O que é compreender um texto?

A palavra "texto" vem do latim, *textus*, que quer dizer "tecido", "trama", "encadeamento de uma narração". De *texere*, "tecer". A primeira conotação que surpreende é a necessidade de uma fabricação, de uma transformação em tecido, o que, no sentido metafórico, indica uma elaboração, uma disposição de elementos para chegar a um "tecido", um complexo harmonioso. Um texto, se nos reportarmos a esta primeira conotação, é uma "obra", um trabalho acabado, terminado. Uma segunda conotação é a relação com a "narração". A expressão oral é um elemento do texto que é particularmente colocado em evidência quando se trata de texto de uma peça de teatro, de uma canção ou de uma poesia.

No primeiro caso, temos a afirmação da *autonomia do texto*, de seu acabamento. No segundo, temos o *reenvio do texto ao seu autor*, quer dizer, seu inacabamento. É a partir da equivocidade e ambiguidade da noção de texto que tentaremos esboçar alguns elementos que podem nos orientar no trabalho de leitura e de interpretação do discurso da Educação Permanente.

## O que é compreender um texto?

Essa questão é precisamente a questão da hermenêutica (do grego, *ermeneuein*, que quer dizer "interpretação"). A questão da hermenêutica foi originalmente levantada pela *exegese*, quer dizer, no quadro de uma disciplina que se propõe a compreender um texto, compreendê-lo a partir de sua intenção, sobre o fundamento do que ele quer dizer (Ricoeur, [s.d.], p. 32). Essa problemática aparece primeiro como uma "técnica hermenêutica" de interpretação alegórica. Encontra-se já em Aristóteles ("Peri Hermenéia") para dirigir-se a todo discurso significativo. Esse termo, comum nos primeiros séculos da era cristã e, em particular, no domínio da exegese bíblica, retornou no fim do século XVIII com Ernesti sob o título de "hermenêutica". Mas é no século XIX com Schleiermacher e Dilthey que o problema de interpretação dos textos torna-se um problema filosófico: o problema da compreensão. Para Schleiermacher, a questão não é "que dizem os textos", mas "o que é compreender um texto?". Ele defende, assim, uma teoria do texto, válida em geral, antes de considerar se o texto é religioso, literário, jurídico etc. Para Dilthey, o problema era dar às "ciências do espírito" uma validade comparável àquela das "ciências da natureza", o que o conduziu a opor duas espécies de relações à realidade histórica e a *explicação* que está em relação com a realidade "natural". Para Dilthey, a explicação é então naturalista e a compreensão é essencialmente psicológica e histórica. Compreender é "o processo pelo qual conhecemos um 'interior' com a ajuda de sinais percebidos do exterior através dos sentidos", afirma Dilthey (1947, p. 320).

Se compreender é sempre compreender alguém — *o reenvio do texto ao seu autor* —, não se pode atingir o outro senão na medida em que ele se objetiva, em que ele se exprime através de *sinais*. A interpretação é a arte de compreender estas "manifestações vitais" que, além do mais, se fixam de uma forma durável pela escrita. A *interpretação* é, então, um caso particular da compreensão, que, ao mesmo tempo, rompe com os limites dessa compreensão direta de homem a homem na linguagem direta. Assim, a compreensão fica sempre relativa e imperfeita: a interpretação não pode jamais preencher sua tarefa senão até um certo ponto. E o fim da hermenêutica assinalado por Dilthey — "compreender o autor melhor do que ele se compreende a si mesmo" se defronta com os limites da interpretação. Dilthey não chegará a superar a posição que ele mesmo criou entre as "ciências da natureza" e as "ciências do espírito".

Com o aparecimento das ciências semióticas, a hermenêutica se renovou. Tudo se decide em torno da questão: *o que é um texto?* Trata-se de seguir o caminho inverso da *autonomia do texto*.

No discurso falado – a linguagem direta – o autor está ainda "lá". Há uma referência ostensiva. Há o "dedo", a pessoa que pode mostrar, mostrar-se, expor-se. No texto, o autor eliminou-se a si mesmo: a eliminação da voz, da fisionomia etc. A escrita deve bastar-se a si própria. Seu locutor está ausente. Consequentemente, a escrita não fixa a linguagem oral, porém a transforma profundamente. Compreender um texto é, então, não mais compreender o outro, visto que, de certa forma, este outro foi abolido pela *escrita*. Agora ele também se torna um leitor do seu próprio texto.

## Dimensão pedagógica da fenomenologia hermenêutica

Como em todos os textos, aqueles sobre a Educação Permanente escondem uma visão do mundo e ao mesmo tempo uma palavra viva que deve ser despertada pela ação do sujeito, do leitor. O intérprete intervém expondo seu mundo, sua situação, pelo fato mesmo que ele compreende e, ao mesmo tempo, compreender para ele é compreender a si mesmo, é manifestar seu mundo, sua situação. Mas para isto é preciso elevar o texto à palavra, fazer reviver o discurso, fazer com que o texto fale. O leitor, então, não é um homem solitário. O texto se endereça e se completa nele, no leitor – "quem quer que saiba ler" –, quer dizer, na universalidade dos diálogos possíveis.

Contrariando a oposição apresentada por Dilthey, nossa leitura do *texto* Educação Permanente deve se apoiar sobre a *dialética* do explicar e do compreender. Não são dois domínios diferentes, mas duas atitudes implicadas simultaneamente pela realidade do texto. O problema da hermenêutica, hoje, é de se colocar entre estes dois sofismas: "compreender um texto é compreender seu autor" e "compreender um texto é ignorar que o texto tenha sido escrito por alguém". No primeiro caso, isto seria desconhecer a originalidade do texto, seu poder simbólico, que ultrapassa a compreensão mesma daquele que o escreveu. No segundo caso, seria esquecer que o texto é um "traço" do autor e que, se o leitor elimina esse traço, manipula o texto como uma coisa. Nestes dois casos extremos, a leitura é um monólogo: o leitor fala pelos dois, por ele e pelo autor.

A hermenêutica traz à fenomenologia esta *dimensão pedagógica*; é a recusa de que o homem se conhece a si mesmo diretamente, à maneira de Descartes, no seu cogito. Não há um autoritarismo ou uma manipulação do texto, pois a autoridade do texto não é senão aquela que eu, leitor, lhe reconheço. Assim, compreender um texto não é captar a intenção do autor, nem tampouco restaurar o sentido que o autor lhe outorgou. O sentido de um texto é a possibilidade que ele oferece ao leitor de superar-se. É o momento propriamente pedagógico de uma leitura. Não reside no mundo que ele *esconde atrás* das palavras e da linguagem (o mundo do conhecimento), mas no mundo que ele *abre diante* dele, o mundo da decisão. Como disse Ricoeur, "a leitura não é um ato pelo qual um sujeito constituído projeta sobre o texto os *a priori* de sua autocompreensão preliminar; é preciso antes dizer que a interpretação dá ao sujeito uma nova capacidade de se compreender a si, oferecendo-lhe uma nova maneira de ser-no-mundo pelo qual ele se engrandece" (Philibert, 1971, p. 187). Eis por que a fenomenologia hermenêutica não é uma simples metodologia, mas um "método" no sentido mais amplo. Ela é uma maneira fundamental de praticar a filosofia. Em lugar de legiferar sobre a educação, reconhece que ela mesma tem necessidade de uma educação.

## Fenômeno e discurso

Queremos realçar agora a necessidade de precisar certos componentes ligados à natureza do discurso que devemos afrontar e a nossa maneira de afrontá-los.

A Educação Permanente pertence ao mundo da *palavra* e ao mundo do *evento*. Como *palavra* ela traz uma significação de um valor que é preciso colocar em evidência. Como *evento* ela aparece como um processo, alguma coisa que já está a caminho e que o discurso mostra. Evento e palavra que se interpelam, que interagem. Esta primeira aproximação (hipótese) do objeto de nossa pesquisa nos leva a entrar na discussão do conceito de "fenômeno" e de "discurso" que, por outro lado, tem a vantagem de explicitar nossa maneira de abordar a questão.

A palavra "fenômeno" (do grego *phainomenon*) deriva do verbo *phainesthai*, que significa mostrar-se, aparecer, desvelar-se. "Fenômeno" é, então, tudo que se mostra, se manifesta, se desvela, ou, mais precisamente, tudo o que se mostra como é. Em consequência, uma coisa pode mostrar-se o que ela não é em si mesma. Pode-se dizer então que sua "aparência" esconde o que ela é. A palavra "fenômeno" traz em si essa *ambiguidade* de sentido. Se consignarmos à palavra fenômeno o sentido positivo – tudo que se mostra como é – nosso modo de ter acesso a ele será orientado pelo cuidado de fazê-lo "aparecer" como "fenômeno", pois a "aparência" é uma modificação do fenômeno.

Heidegger distingue o que ele chama o "puro" fenômeno do "fenômeno-indicador". Ele fala, por exemplo, dos "fenômenos--indicadores" patológicos, entendendo por estes os "eventos corporais que se manifestam e que, na sua manifestação e através dela, indicam alguma coisa que *não se manifesta* por si mesmo" (Heidegger, 1953, p. 29).

O fenômeno-indicador anuncia alguma coisa que não se manifesta à primeira vista. Ainda assim essa negação da manifestação não deve ser confundida com a negação "privativa" da aparência. A indicação do fenômeno-indicador não é possível senão sobre o fundamento da manifestação de alguma coisa. Nem todos os fenômenos são fenômenos-indicadores, porém todo fenômeno-indicador apoia-se sobre um fenômeno que ele dissimula. Esta não manifestação dissimuladora não é, entretanto, uma simples aparência, pois ela permite a manifestação do fenômeno que a fundamenta, que deve manifestar-se, isto é, o fenômeno, aquele-que-se-mostra-em-si-mesmo.

A noção de discurso é também ambígua. Entendemos por "discurso" o conjunto de anunciados que se referem a um certo universo. Todo universo de discurso é, necessariamente, fechado na sua delimitação. Apenas pela *significação*, isto é, pelo seu poder simbólico, pode um discurso ultrapassar-se, transcender-se a si mesmo. O discurso torna possível a manifestação daquilo que se faz discurso no discurso. Sua função é "fazer ver" alguma coisa. Mas "fazer ver alguma coisa" significa também poder distorcê-la e dissimulá-la, quer dizer, "fazer ver" alguma coisa que não é. Como não há desvelamento do fenômeno sem discurso, é impossível separar a ambiguidade do discurso da ambiguidade do fenômeno. A ambiguidade do discurso é indissociável da ambiguidade do fenômeno. Um discurso pode assim ser verdadeiro ou falso. O "ser verdadeiro" do discurso quer dizer que ele arranca da obscuridade o ente do qual ele fala, ele o faz ver, ele o *descobre*, ele o desvela; correlativamente, "ser falso" significa "enganar", *recobrir*, colocar diante de alguma coisa uma outra coisa que se faz ver e assim fazer passar a coisa recoberta por aquilo que ela não é.

## Mostrar-se e esconder-se

Fenômeno-indicador, aparência, discurso verdadeiro e discurso falso são noções decorrentes da ambiguidade do fenômeno. Entretanto, a noção de fenômeno é este conceito cuja missão é nos "fazer ver", de nos ajudar a superar a ambiguidade de uma realidade que as palavras não fazem mais que registrar. Na verdade, "atrás" dos fenômenos não há nada. Mas, como observa Heidegger, "pode acontecer que esteja escondido o que deverá tornar-se fenômeno. E é justamente porque, à primeira vista, os fenômenos *não são dados* que existe necessidade de uma fenomenologia. Estar coberto é o conceito complementar do conceito de fenômeno" (Heidegger, 1953, p. 36). O sentido mesmo de fenômeno como o concebe a fenomenologia é essencialmente *mostrar-se e esconder-se*.

Um fenômeno pode estar coberto seja porque ele nunca foi descoberto, seja porque ele foi recoberto e caiu na dissimulação. O discurso que "faz ver" esse "fenômeno" será então um discurso distorcido e, em consequência, um discurso falso. Fenômeno e discurso são as duas categorias fundamentais da Educação Permanente, como veremos. É ela um discurso que nos "faz ver" o fenômeno no sentido fenomenológico? Ou é um discurso ideológico cujo fim é o de nos "fazer ver" a aparência do fenômeno? Desvelar o que se esconde atrás deste fenômeno-discurso, colocar em evidência o sentido da dissimulação à qual ele pode dar lugar, é já a tarefa de uma *fenomenologia*. Esta examina e explicita o sentido deste discurso. E porque colocar em evidência o que é "esquecido" exige uma interpretação e esta interpretação não é de ordem causal, mas é o sentido mesmo daquilo que é dado pelo fenômeno, esta fenomenologia deve ser necessariamente *hermenêutica*. Ela, a fenomenologia hermenêutica, enquanto interpretação, nos ajuda, além disso, a superar a questão dos *a priori*, dos pressupostos; como evitar trazer ao fenômeno a significação pré-fabricada pelo intérprete senão por um método que seja orientado pelo objeto de nossa pesquisa e pela maneira de interrogar? A escuta é então possível e uma ou várias leituras sucessivas do fenômeno podem nos "fazer ver" o fenômeno tal como ele é.

A ideia de fenômeno no sentido fenomenológico (mostrar-se e esconder-se) *funda* a importância de uma leitura que seja interpretativa. No momento em que estamos em presença de um fenômeno, esta leitura se justifica, é necessária. O caráter de fenômeno implica, chama a atenção. A tarefa de uma tal leitura não é mais simplesmente ir ao encontro de um objeto qualquer de pesquisa, de "fazer ver" alguma coisa, mas também de "fazer ver" *alguém* que é preciso acolher, que é preciso deixar falar, que é preciso interrogar e compreender. Assim, compreender um discurso não se reduz nem à explicitação de sua história nem a colocar em evidência seu "campo semântico", por exemplo. Os procedimentos estruturalistas, semânticos, e mesmo sociológicos e psicológicos, não foram excluídos *a priori* na compreensão da Educação Permanente. Mas foram considerados insuficientes, pois as explicações que eles apresentam devem ser superadas por uma interpretação mais radical.

A filosofia não é diferente das outras ciências porque ela tem o poder de ver fundamentalmente as coisas, porque ela tem uma outra linguagem, mas precisamente porque ela toma suficiente distância, porque se afasta suficientemente para colocar questões fundamentais. A diferença reside menos na linguagem que na "gramática", na maneira de colocar questões, notadamente a questão do ser humano.

Certamente, nossa maneira de explicitar o *esquecimento da questão da educação* na Educação Permanente não foi ainda estabelecida com precisão. É preciso ir mais longe na análise de nosso instrumento de trabalho, colocando em evidência a tarefa de uma fenomenologia hermenêutica no que concerne à Educação Permanente. Esta análise nos tem sido bastante facilitada pela contribuição dada à fenomenologia hermenêutica por Rudolf Bultmann e longamente explicitada por Claude Pantillon em um trabalho intitulado *O problema da hermenêutica na obra de Rudolf Bultmann*. Para Bultmann, interpretar significa "demitologizar". A tarefa de uma fenomenologia hermenêutica face à Educação Permanente poderia tomar o caminho da demitologização.

## Demitologização: tarefa da fenomenologia hermenêutica

"Desmistificação" e "desmitificação" têm uma outra significação que não aquela que Bultmann atribui à palavra "demitologização", ainda que exista entre elas um certo parentesco. A primeira palavra vem do grego, *mystikos*, que quer dizer "relativo aos mistérios", e a segunda de *Mythos*, também do grego, que significa "mito". Desmistificar é então "colocar fim", "desmascarar" o mistério, a crença, enquanto desmitificar seria "pôr fim", "destruir", "desmascarar" o mito. Duas tarefas diferentes, pois tudo se define na significação de "mistério" e de "mito". Pela desmistificação, o mistério inacessível à razão, de início escondido, é revelado, enquanto pela desmitificação é uma nova interpretação do mito que é revelada, desvelada. O mito tem um conteúdo original, subentende um fenômeno do qual é a interpretação. Desempenhando então o papel de despertador da consciência, ele quer nos tornar atentos a alguma coisa.

– Em que Bultmann introduz uma nova dimensão à hermenêutica, à fenomenologia, à tarefa de desmitificação?

A demitologização não é uma interpretação qualquer, mas uma que, por ser radical, visa a nos tornar atentos a este *conteúdo existencial* do qual o mito é carregado. Demitologizar é levar a sério o *logos* do mito. É esta interpretação radical e crítica do conteúdo do mito ou do fenômeno que, numa determinada sociedade, desempenha o papel de mito; não é uma interpretação geral ou uma interpretação específica, mas uma interpretação existencial.

### Demitologização, redução e "destruição"

A demitologização é uma maneira de operar o que Husserl chama de "redução fenomenológica". Se a tarefa da "redução" no sentido fenomenológico é chegar à "essência" do fenômeno, a tarefa central da *demitologização* é chegar à "essência" do mito, quer dizer, ao *logos* do *mito*. Ela é fenomenológica porque permite aqui penetrar o conteúdo, o discurso primeiro (*logos*) da Educação Permanente. A redução fenomenológica deve nos permitir o acesso a este conteúdo, e é esta justamente a tarefa da *demitologização* em relação à linguagem mítica. "Reduzir" não quer dizer "eliminar", "colocar fim". A demitologização desvela, faz parecer esse conteúdo escondido pela "evidência", pelas projeções da primeira vista.

Por que esta redução é possível? Por que uma interpretação radical, existencial, é possível? Ela é possível, nos diz Bultmann, porque existe um *parentesco radical*, fundamental, entre aquele que fala através do discurso e aquele que escuta. Na Educação Permanente essa redução é possível porque os promotores de Educação Permanente, escrevendo sobre este assunto, não podiam eliminar a presença do leitor; o que faz compreender o discurso da Educação Permanente de uma maneira fundamental é compreender este parentesco que une fundamentalmente o autor e o leitor.

A tarefa de demitologização, afirma Bultmann, é de "valorizar a intenção autêntica do mito, a saber, sua intenção de falar da existência do homem" (Bultmann, 1965, p. 184). A demitologização designa um método, um *método sistemático de interpretação* que "tenta colocar em evidência a significação enterrada além das representações mitológicas". Eu a chamo de "demitologização" — um termo seguramente pouco satisfatório! Seu fim não é a rejeição dos enunciados mitológicos, mas sua interpretação. É um método hermenêutico (*a method of hermeneutics*) (Bultmann, 1960, p. 18). É verdade que Bultmann emprega essa hermenêutica para a interpretação do Novo Testamento e que a riqueza existencial dos documentos referentes à Educação Permanente não é a mesma. Mas nada nos impede de tentar a mesma aventura, quer dizer, "valorizar" a intenção "autêntica" deste discurso de "falar da existência do homem", pois falar de Educação é também falar do homem, da mulher, do ser humano.

A tarefa da demitologização supõe que se proceda com prudência e por etapas: passar de uma leitura *não suspeitosa* a uma leitura *suspeitosa*. Tal processo é já indicado por Bultmann quando ele diz que "negativamente a demitologização é a *crítica do Weltbild do mito*, na medida em que este mascara a intenção autêntica do mito, e positivamente é *interpretação existencial* em que ela visa tornar manifesta a intenção do mito, a saber, seu desígnio de falar da existência humana". (Bultmann, 1965, p. 184). Demitologizar a Educação Permanente é retirar o revestimento místico no qual ela está envolvida, por um trabalho de "destruição", quer dizer, de decifração do sentido primeiro. Essa "destruição" abre o horizonte para uma palavra mais autêntica, *tarefa* que é realizável, pois o discurso que examinamos não é simplesmente uma "escrita", mas todo um conjunto de símbolos que reclamam uma interpretação demitologizante.

## Demitologização e objetivismo

Antes de entrar na discussão do *plano de trabalho* é preciso ainda afrontar uma última questão: nossa leitura é objetiva? Mas o que significa "ser objetivo"?

Uma leitura objetiva de um texto não é a tradução exata do pensamento de seu autor, não é tampouco compreender tudo o que ele quis dizer, mas desvelar o que ele disse sem dizer. Estabelecido um diálogo vivo e dinâmico entre leitor e autor, a objetividade será a invocação comum da verdade, uma verdade sempre de dimensão humana, quer dizer, relativa, limitada, finita, uma verdade a caminho. A objetividade em seu sentido estrito é uma abstração. A objetividade possível é sempre ligada a um sujeito, o que quer dizer que ela é subjetiva.

A objetividade se situa no nível da intenção preliminar, subjetiva, *atividade do sujeito*, pela qual o leitor faz falar um texto e restabelece a situação original, fundamental do texto. Com efeito o "sujeito pode e deve questionar. Ao ideal de uma objetividade sem ponto de vista, sem perspectiva, e exigido do sujeito que ele se absorve e mergulha na contemplação do objeto, de uma interpretação sem intérprete, é preciso responder restabelecendo o sujeito no seu papel de iniciador da intervenção interpretativa e lembrar que um texto não fala se não for interrogado e a quem interrogar" (Pantillon, [s.d.], p. 289). Ao leitor cabe elaborar questões, estabelecer hipóteses, elucidar seus instrumentos de trabalho. A verdade não é possessão, nem do leitor, nem do autor. O autor morre pelo seu texto a fim de que esse texto possa encontrar um lugar entre os vivos: ele não pode viver senão a partir do momento em que um leitor lhe endereça a palavra, ou um leitor o faz falar. Como o demonstra Georges Gusdorf, "a palavra é o limiar do universo humano" (1953, p. 2), a condição para entrar no mundo dos seres humanos.

A demitologização se opõe a uma leitura que mantém o texto a distância, uma leitura que o estuda de fora sem se deixar interpelar por ele. Mesmo assim, essa abordagem dos textos não é, de maneira alguma, desprovida de rigor científico e sistemático. Objetividade e não objetividade fundam a *inevitável ambiguidade e complexidade da existência humana*.

A tentativa de Dilthey de fundar, cientificamente, as ciências históricas, as "ciências do espírito" em oposição às "ciências da natureza", encontra suas raízes em uma antropologia fragmentada da qual Heidegger mostrou os limites. A partir de Heidegger, o compreender torna-se um aspecto do projeto do homem e de sua "abertura" ao ser. Como diz Ricoeur, "Heidegger não quis considerar nenhum problema particular concernente à compreensão de tal ou tal ente. Ele quis reeducar nossos olhos e reorientar nosso olhar; ele quis que nós subordinássemos o conhecimento histórico à compreensão ontológica, como uma forma derivada de uma forma original" ([s.d.], p. 38). Então compreender não é mais como queria Dilthey, um modo de conhecimento, mas *um modo de ser*, o modo de ser humano, do homem que existe compreendendo.

A inserção da hermenêutica na fenomenologia transformou *o problema da objetividade*. O problema da fundação das ciências históricas face às ciências da natureza não é mais considerado por uma fenomenologia hermenêutica. A fenomenologia tal como ela é praticada por Heidegger, por exemplo, é uma crítica radical do objetivismo. O tema do mundo vivido ou do mundo da vida (*Lebenswelt*) introduzido por Husserl rompe definitivamente com a pretensão de uma epistemologia das ciências humanas fundada a partir do modelo das ciências naturais: *antes da realidade objetiva há um sujeito conhecedor*, "antes da objetividade há o horizonte do mundo; antes do sujeito da teoria do conhecimento, há uma vida operante" (Ricoeur, [s.d.], p. 37). Uma leitura objetiva supõe um discurso objetivo, o qual supõe um homem objetivo. Mas um homem acabado, objetivo, impessoal, completo em sua *ipseidade*, é uma abstração.

Não se tem acesso diretamente à verdade. Todo trabalho de compreensão e de interpretação é um longo exercício. Com efeito, não há manifestações "preliminares". A fenomenologia hermenêutica é então uma ilusão? Sim, se pretende chegar a uma "verdade objetiva", ilusão de todas as ciências fechadas em si mesmas. Em compensação, a fenomenologia, compreendida como desvelamento constante, como a *procura do sentido*, por etapas, não é mais uma ilusão se ela chega a demonstrar, a verificar, este sentido inicial cuja pré-compreensão surpreendeu o pesquisador.

## 2 Plano de trabalho

Por oposição àquilo que é implícito, *explícito* significa o que é mostrado, desvelado, decomposto em detalhes. Uma coisa é explicitada quando ela está, por assim dizer, desdobrada em todos os seus "momentos", decomposta em todas as suas partes. Assim, *explicitar* (interpretar) exige etapas, momentos diferentes. O intérprete, aquele cuja tarefa consiste em explicitar aquilo que é implícito, avança necessariamente por este caminho onde se manifesta um desvelamento cada vez mais profundo.

À noção de finitude, de *limite*, devemos acrescentar agora a noção de *etapa*, de caminho, para caracterizar nossa maneira de proceder. É o momento de abordar o problema, apresentando nosso *plano de trabalho*.

Nosso caminho para a compreensão da questão da educação na Educação Permanente segue três etapas: uma primeira etapa, *fundamentalista*, na qual se torna necessário tomar o discurso ao "pé da letra"; uma segunda etapa, histórica, que se trata de explicitar o discurso pela sua história; e uma última etapa, *fundamental*, que se trata de simplificar o fracionamento da etapa precedente e retornar ao horizonte da questão do ser humano.

### Um estudo fenomenológico-hermenêutico

Estes três "graus" de nosso estudo fenomenológico-hermenêutico são apreendidos por três abordagens distintas. Numa leitura ingênua, essas etapas aparecem de uma maneira confusa. Numa leitura ingênua, o leitor é envolvido pelo texto de onde ele não pode sair. Em compensação, numa leitura fenomenológico-hermenêutica, o leitor toma distância, suspeita, para fazer reviver o passado que está morto no texto. O diálogo entre o leitor e o autor se recusa a considerar o passado como totalmente findo, como totalmente "passado". Esse diálogo é a condição de uma leitura "objetiva" e crítica. Uma *leitura crítica* por oposição a uma *leitura ingênua* visa nutrir o leitor e o presente. A "comunicação com os mortos" vale a pena sob a condição que o passado nos ofereça possibilidade de viver o presente, de compreender a realidade que é a nossa hoje.

Empregamos o termo "leitura" para marcar a *intenção pedagógica* e educativa de nossa pesquisa.

Na realidade, uma pesquisa em educação é um lugar educativo por excelência; ensinar a ler, alfabetizar, é uma tarefa permanente da educação. Nós não abandonamos nunca nossa situação de analfabetos da realidade. E, nesse sentido, a educação "permanente" significa que o homem tem a *possibilidade* de reler constantemente sua realidade, da qual ele é sempre um aprendiz.

Entretanto, essa leitura não é uma panaceia filosófica. O filósofo, o fenomenólogo, não dispõe de um terceiro olho, pelo qual ele poderia efetuar uma abordagem filosófica nitidamente diferente do que se pode encontrar em outras ciências. Para que então chamar "fenomenológico" esse estudo, essa leitura? Porque a diferença é menos na letra que na maneira em que se assume a leitura e na preocupação que habita o fenomenólogo. *O fenomenólogo* e o hermeneuta não banalizam o fenômeno. Eles recusam, por exemplo, o discurso ideológico e o discurso neutro, objetivo, porque eles levam a sério uma questão à qual todo discurso responde, mesmo se ele não quer responder a isto: o que é o ser humano?

A fenomenologia tal como tentamos *praticar* não pode senão considerar como complementares as abordagens históricas, linguísticas, psicanalítica, semântica e outras. O fenomenólogo não dispõe de um terceiro olho, é verdade. Ele utiliza uma abordagem histórica, exegética, filológica, como faz Bultmann, ou uma abordagem linguística, psicanalítica, marxista, como o faz Ricoeur. O que muda é que ele articula uma técnica e uma abordagem sobre outra coisa, quer dizer, sobre a *existência* daquele que questiona e daqueles aos quais ele se endereça. A preocupação existencial que precede o trabalho do fenomenólogo faz com que ele considere o texto, antes de mais nada, como um fenômeno, uma manifestação. Na verdade, nossa leitura não é outra coisa senão a leitura sistemática e metódica do tipo exegético (fundamentalista) e histórico, que desemboca numa interrogação mais radical (fundamental), uma leitura que se efetua em diferentes níveis. O que é particular é a maneira de interrogar, o horizonte em função do qual se interroga, o cuidado de participação e o tipo de aprofundamento que propomos. Levar a sério o fenômeno, eis a tarefa da fenomenologia.

## Leitura fundamentalista: o momento da patência

A Educação Permanente, discurso-fenômeno, pode de início ser apreendida por uma leitura essencialmente exegética, que visa compreender *ipsis litteris* o que ela diz, o que ela propõe, releva e revela. Essa leitura é presidida por uma intencionalidade primeira ou literária que visa à potência do discurso, o sentido inicial. Ela não tem outras pretensões a não ser uma tomada de contato não suspeitosa, que pode colocar em evidência notadamente uma totalidade homogênea, uma certa unidade na diversidade, contradições que exigem uma explicitação, uma compreensão que não pode ter lugar senão a partir de uma leitura suspeitosa. Ela não é, porém, ingênua. Na leitura ingênua o sentido do texto, o projeto, não é alcançado. Uma leitura ingênua não pode ser uma *escuta do fenômeno* nem nos dar elementos para a refazer de outra forma. Na leitura ingênua o leitor é preso pelo texto que ele compreende de forma confusa.

Esta primeira etapa (abordagem) é importante na medida em que ele, o texto, dá a pensar. O sentido "inicial", o sentido literal, patente, visa, então, além de si mesmo, um segundo sentido que não é dado por si mesmo, mas se encontra "atrás" dele. O essencial do sentido "inicial" é que ele deve se tornar inútil, morrer por um segundo sentido, um sentido real, objetivo. A leitura fundamentalista é uma etapa. Por que não se manter nisto? Porque a questão da verdade não foi levantada. É a etapa de uma *inteligência em extensão*, de uma inteligência panorâmica. É preciso agora duvidar, suspeitar, é necessária uma leitura apaixonada, crítica. A leitura fundamentalista deve permitir uma "explosão" do texto, pois até aqui ele nos tem falado, mas ao mesmo tempo ele se calou, ele se dominou, ele se dissimulou. A segunda leitura será a etapa da ruptura, da explosão, da superação.

## Leitura histórica: o momento da suspeita

Um discurso não deve simplesmente ser "lido", apreendido e aprendido. Ele deve ser explicado. Um discurso se produz em ligação com fatos, com fenômenos. Ele está enraizado numa realidade, de onde aparecem abordagens de tipo sociológico, psicológico, estrutural, psicanalítico etc. Se um discurso não é separável do fenômeno, de suas raízes, uma série de interpretações são então possíveis (o *caminho longo*) e pode-se refazer indefinidamente a primeira leitura. Eis por que a segunda leitura ficará sempre incompleta. Ela é um trabalho de peritos, de especialistas. O campo da explicação abre um número considerável de possibilidades de abordagem. Nossa tarefa não é explorá-las todas, mas tomar uma delas como paradigma.

A leitura fundamentalista é comparável a uma sala de espera de uma estação. Aí pode-se repousar tranquilamente... com a condição de não perder o trem. A leitura histórica ultrapassa o fixíssimo do sentido literal para nos introduzir em um trem em marcha que envolve, um trem onde há pessoas que falam, que fazem discursos, peritos que explicam o papel do condutor, como o trem corre sobre os trilhos, quantas pessoas podem viajar, os seguros etc., um trem que tem sua *história*, um ponto de partida, um ponto de chegada, enfim, um trem que anda.

Mas tomar o trem, compreender o trem, explicá-lo, não é senão uma etapa de nosso percurso. Para que o discurso nos atinja e torne possível outros trens, outros caminhos, outras possibilidades de ver as coisas, é preciso descer do trem e retomar todo o discurso sobre o trem. A leitura histórica nos exige sair dela mesma e ir além, procurar as origens. Ela nos faz descer, ir olhar por baixo.

## Leitura fundamental: o momento da suspeita da suspeita

À luz de uma leitura (abordagem) fundamental, comandada por uma ontologia, as duas primeiras aparecem como um discurso "sobre", uma multiplicação de discursos. Para a segunda leitura, a primeira parece puramente ideológica, e para a terceira, as duas primeiras leituras aparecem como simples discurso. A *noção de homem, de projeto*, estranha e subjacente até aqui, torna-se o tema. Ela é tematizada. Eis que a filosofia, instruída pela fenomenologia e pela hermenêutica, *decifra* o homem a partir do caos do símbolo. A leitura fundamental é uma reflexão filosófica sobre o ser humano a partir da esfera do simbolismo do discurso-fenômeno. A partir dessa esfera, uma melhor compreensão da realidade humana é possível. Ela faz ir além para ver aqui. Temos necessidade de reminiscências (Platão), de horizontes, de fontes, de autoridade. Nosso trabalho não pode ficar no discurso. Ele é projeto, inquietação; uma tese vale a pena ser feita se ela se ultrapassa, se ela também se torna inútil. Para fazer uma tese em educação, não é suficiente falar, escrever uma dissertação. Eis por que uma dissertação não é senão uma exigência "parcial". Um trabalho como o nosso deve cessar de ser discurso para se tornar palavra criativa, *logos*.

Em resumo, o desenvolvimento da questão da educação através do estudo fenomenológico-hermenêutico da Educação Permanente se subdivide em três etapas, às quais correspondem à divisão do presente trabalho:

Primeira parte: *a fenomenologia da Educação Permanente* (leitura fundamentalista).

Segunda parte: *a hermenêutica da Educação Permanente* (leitura histórica).

Terceira parte: *a filosofia da Educação Permanente* (leitura fundamental).

Não se trata de separar a fenomenologia, a hermenêutica e a filosofia. As três partes são ao mesmo tempo filosóficas, hermenêuticas e fenomenológicas. Trata-se de dar um peso (uma importância particular) a cada uma, ressaltar a abordagem, a leitura feita de maneira distinta, por etapas de aprofundamento, do mesmo objeto. Há, desse modo, uma leitura que é propriamente fenomenológica, uma outra que é hermenêutica, e uma terceira que é propriamente filosófica.

## Tese geral e hipóteses

Após a apresentação de nossas questões, de nosso objeto de análise e de nossa precaução a respeito deste objeto, uma tese geral e três hipóteses tomam forma. O enunciado da *tese geral* é o seguinte: *o esquecimento da questão da educação, posta em evidência pelo estudo fenomenológico-hermenêutico da Educação Permanente.* Para chegar à "defesa" dessa tese, é preciso verificar, pôr em evidência, as hipóteses seguintes:

a) *A Educação Permanente é, essencialmente, discurso e fenômeno* (primeira parte).

b) *A Educação Permanente é um discurso ideológico* (segunda parte).

c) *A Educação Permanente implica uma visão do mundo* (terceira parte).

Na exposição deste trabalho é demonstrado ainda que a *Educação Permanente desempenha em nossa sociedade um papel análogo ao papel do mito.*

Tomada por uma linguagem mística e mitológica, a Educação Permanente reclama e justifica uma interpretação essencialmente demitologizante.

_____ Primeira parte

# FENOMENOLOGIA DA EDUCAÇÃO PERMANENTE

# Capítulo I

## A Educação Permanente como evento

– O que é um evento?

Por "evento" entendemos aqui um fato portador de significação de sentido; um fato que traz consequências, que "vem" (do latim *e-venire*). O evento ultrapassa o fato porque "vem". A Educação Permanente começa a ter sentido a partir do momento em que "vem" até nós, nos questiona, nos provoca e exige de nós uma tomada de posição.

O discurso fixa o evento; ele o aprisiona através da escrita. O discurso existe porque existem eventos. O que se pode ler no discurso não é o que aconteceu, mas o que se disse sobre o que aconteceu. A Educação Permanente acontece hoje e podemos ainda assistir à sua manifestação e dela participar. De qualquer forma, devemos estar atentos não só para o que foi fixado (discurso), mas para o próprio evento. Embora a Educação Permanente seja, por vezes, extremamente teórica em seu discurso e à margem da realidade educacional, ela se baseia nessa realidade. A Educação Permanente tem suas raízes na *evolução real da educação.*

Todos os documentos a serem analisados nesta primeira etapa seguem um esquema particular. Primeiramente, apoiam-se numa certa "realidade" histórica: evidenciam um processo já em curso. Em segundo lugar, apresentam-se como uma visão do futuro, a educação de amanhã. Enfim remetem ao ser humano, à vida. É, em parte, graças a esse *esquema* que a Educação Permanente pode ser considerada como um todo e que os diferentes discursos realmente não são mais do que um único discurso. Esta totalidade permite-nos evitar o problema das correntes e tornar possível uma intervenção hermenêutica que considera este esquema e leva até às últimas consequências a interrogação a respeito do homem.

# 1 A formação da ideia de educação permanente

"[...] todo estudo é interminável."[2]

É preciso que remontemos a Lao-Tsé, seiscentos anos antes de Jesus Cristo, para achar as "origens" da noção de "permanência" na história da educação. Podemos encontrá-las igualmente no mito de Prometeu e na república ideal de Platão. A educação, diz Platão, "é o primeiro dos mais belos privilégios. E se sucede a este privilégio de desviar-se de sua natureza e que seja possível retificá-lo, eis aí *o que cada um deve sempre fazer no decorrer de sua vida* segundo sua possibilidade" (Platon, 1970, p. 666).

### Origem mítica e utópica

— A Educação Permanente não é a expressão recente de uma preocupação antiga?

---

[2]    Lao-Tsé. 1967, p. 84: "abandonar o estudo é libertar-se das preocupações. Pois qual é a diferença entre o sim e o não? Qual é a diferença entre o bem e o mal? Deve-se temer esse assunto que os homens temem, porque todo o estudo é interminável."

É verdade, a Educação Permanente se apresenta como característica da modernidade. Todavia, há na ideia de Educação Permanente um fenômeno estranho: de um lado apresenta-se como *nova*, ligada à noção de progresso, desenvolvimento, crescimento etc., e, de outro, justifica-se pelo passado, o que jamais foi feito e o que sempre se fez. De um lado, a banalidade e, do outro, uma mudança e uma oportunidade inauditas. Ela retoma *o mito da educação*, pelo qual o homem se liberta da degradação. Desde os tempos de Adão, a árvore do saber, que era a árvore do pecado, torna-se a árvore da salvação: a salvação pela educação. Salvar-te por onde hás pecado!

O mito da educação aparece na história moderna e contemporânea frequentemente ligado à utopia social. Um sistema de educação global e universal, em resumo, permanente seria a garantia das liberdades e da libertação do ser humano. Este ideal aparece na *Cidade do Sol* de Tomaso Campanella, bem como nas obras de Charles Fourier, de Tomas Morus, de Robert Owen e de Jan Amos Comênio. O mito da educação não para de alimentar as utopias na esperança de vencer a finitude e a dialética da existência humana. Sob novas formas, o mito reaparece toda vez que uma sociedade não encontra "soluções" para os problemas do presente. Verifica-se então que o projeto de Comênio, talvez utópico no século XVII, se torne realizável hoje em dia graças à tecnologia da educação. "Almejamos que possa ser integralmente ensinado e, dessa forma, ascender à humanização completa – escreve Comênio – não apenas um homem, ou muitos homens, mas todos os homens em conjunto e cada um isoladamente, jovens e velhos, ricos e pobres, nobres e plebeus, homens e mulheres, em resumo, todo o ser humano; para que, finalmente, todo o gênero humano seja instruído, qualquer que sejam sua idade, estado, sexo, nacionalidade... Assim como o mundo todo é uma escola para todo o gênero humano, do começo ao fim dos séculos, assim como a idade de cada ser humano é uma escola, do berço ao túmulo. Não há idade para

## 74 A EDUCAÇÃO CONTRA A EDUCAÇÃO

aprender, e os limites impostos ao homem pela vida e pela aprendizagem são os mesmos" (*apud* Unesco, 1972, p. 182).

O acesso à *árvore do saber* representaria o meio de unir todos os homens e, para cada um, o meio de atingir sua "completa humanização". Através de Lao-Tsé, sabemos que a demanda em matéria de educação aumenta com a própria educação. Através de Comênio sabemos que todos os homens devem ter acesso ao saber durante toda a vida. E depois de Comênio a linguagem não mudou tanto assim, como se pode verificar por este texto de um documento do Conselho da Europa: "a distinção entre pessoas instruídas e não instruídas desaparece e com ela toda a espécie de discriminação e desrespeito dos não instruídos e por isso no limiar da Educação Permanente encontramo-nos, até certo ponto, num novo começo (quer dizer, num estado primitivo) da história da educação, pois já não mais sabemos o que significa a educação" (Jocher).[3] Não obstante, no decorrer da

---

[3] Analisamos dezenove *Estudos sobre a Educação Permanente* publicados entre 1968 e 1974 pelo Conselho da Cooperação Cultural do Conselho da Europa. Para mencionar esses documentos introduzimos o nome do relator e um número que indica a página do documento. Esses estudos são os seguintes: T. Blackstone, *L'éducation précolaire en Europe*; F. Bonacina, *L'éducation permanente en Italie: motivations sociológiques et perspectives culturelles*; J. Capelle, *Evolution de l'éducation permanente en France*; L. Cros, *L'impact sur l'école des innovations dans l'extrascolaire*; K. Eide, *L'éducation permanente en Norvège: réflexions sur l'éducation post-professionnelle*; H. H. Frese, *L'éducation permanente aux Pays-Bas*; A. M. Huberman, *Comment les adultes apprennent et évoluent*; H. Janne, *L'éducation permanente, facteur de mutation du système d'enseignement actuel*; H. Jocher, *La forme future de l'éducation permanente*; G. Lanteri Laura, *Recherches psychologiques sur les phases et les chemins de la maturation intellectuelle et du besoin de connaissance (de l'enfance au troisième âge)*; U. Larsson, *L'éducation permanente et Suède*; M. Martinez Lopez, *Permanent Education in Spain: Concept, Achievements and Perspectives*; A. Moles; F. Muller, *Motivations adultes à la structuration de la pensée*; W. Rasmussen, *La notion d'éducation permanente et son application au Danemark*; B. Schwartz, *L'éducation continue des adultes*; B. Schwartz, *Réflexions prospectives sur l'éducation permanente* (Rapport I); J. A. Simpson, *L'éducation*

história, a educação livre e contínua sempre foi o privilégio de alguns. A noção de democratização no contexto da Educação Permanente está, portanto, mais relacionada com a *extensão de um privilégio* do que com a eliminação dos privilégios, exatamente como afirma Platão: o "mais belo", o "primeiro dos privilégios", o que "cada um deve fazer sempre no decorrer de sua vida" deve ser acessível a todos os homens, a fim de que "toda a causa de discriminação" desapareça.

## Ancianidade e novidade

Se a expressão "Educação Permanente" parece ser recente, a ideia, como vimos, não é nova. Na *França*, por exemplo, a ideia de uma educação prolongada, continuada, "progressiva" era a base do programa educativo da *Revolução de 1789*. No título I da Constituição de 1791, pode-se ler: "será criada e organizada uma instrução pública comum a todos os cidadãos, gratuita no que se refere ao ensino indispensável a todos os homens, e cujos estabelecimentos serão distribuídos gradualmente, de acordo com a divisão do reino". Se esta Constituição insiste principalmente na gratuidade, as leis adotadas a seguir falam-nos da "segunda instrução" de "todas as idades". Assim, Condorcet, em seu relatório apresentado à Assembleia Legislativa a 20 de abril de 1792, observa que a "instrução não deveria abandonar os indivíduos no momento em que saem da escola, deveria abranger todas as idades já que não há idade em que não seja útil e possível aprender, e que esta segunda instrução é tanto mais necessária quanto mais a da infância se restringe a limites cada vez menores" (*apud* Tricot, 1973, p. 88).

---

permanente en Anglaterre et aux Pays de Galles; M. Tardy, *Le champ sémantique de l'expression "education permanente"*; H. Tietgens, *L'education permanente dans la République Féderale d'Allemagne.*

A Educação Permanente, não obstante, não pode ser considerada um "fenômeno francês". Como o observa Simpson, "quando os especialistas britânicos de educação começam a examinar o conjunto das ideias em que se baseia a Educação Permanente, são levados de início a considerá-lo como a repetição de uma ideologia de há muito conhecida em nosso país. Efetivamente, desde 1919, um relatório sobre educação, publicado pelo Ministério da Reconstrução, referia-se a uma educação que deveria corresponder às necessidades sentidas pelas pessoas durante toda a vida. Depois da Segunda Guerra Mundial, o Ministério da Educação publicou certas brochuras, por exemplo, as intituladas "Further Education" (educação pós-escolar), "Youth Opportunity" (oportunidades oferecidas à juventude) e "The New Secondary Education" (o novo ensino secundário) que reproduziram largamente a ideia da "educação para a vida" (Education for Life). Simpson, no entanto, insiste em afirmar que se trata de uma "obra nova" (a Educação Permanente) e, sob certos aspectos, "revolucionária". "É nova", diz ele, "quando formula novamente proposições já conhecidas, porque as enfoca numa perspectiva de desenvolvimentos socioeconômicos só reconhecidos no decorrer do último decênio e que, enquanto problemas, muitas vezes se refletem progressivamente sobre a educação tal como é ministrada"(p. 2-3).

Em 1938, Gaston Bachelard, na França, insistia na educação "contínua no decorrer da vida inteira". "Uma cultura bloqueada no tempo escolar", afirmava ele, "é a negação da própria cultura científica. Sem escola permanente não existe ciência. É essa escola que a ciência deve fundar" (1970, p. 252). A observação de Bachelard leva-nos ao âmago da questão que percorre todo o discurso da Educação Permanente: sua relação íntima com o desenvolvimento das ciências e da técnica. Voltaremos a esta relação no capítulo III.

As reflexões de Bachelard não ficaram "letra morta". Em 1946, o *Plano Langevin-Wallon da Reforma do Ensino* as retoma: "A nova organização do ensino deve permitir o contínuo aperfeiçoamento do cidadão e do trabalhador... Depositária do pensamento, da arte, da civilização passada, a educação deve transmiti-las ao mesmo tempo que é agente ativo do progresso e da modernização".[4]

Em 1955, a *Liga Francesa de Ensino* elaborou um Projeto de reforma do ensino. Seu redator, Pierre Arents, emprega pela primeira vez a expressão "Educação Permanente", à qual atribui a missão de: 1 – assegurar, depois da escola, a manutenção da instrução e da educação recebida na escola; 2 – prolongar e completar, além da formação e da atividade profissional, a educação física, intelectual e estética da juventude até ao exercício da cidadania; 3 – permitir o aperfeiçoamento, a complementação, a renovação ou a readaptação das capacidades em todas as épocas da vida; 4 – facilitar a atualização dos conhecimentos e a compreensão dos problemas do país e do mundo, a todos os cidadãos, quaisquer que sejam seus títulos e responsabilidades; 5 – permitir a todos usufruir do patrimônio da civilização e de seu constante enriquecimento (Le Veugle, 1968, p. 17).

Em 1956, a expressão "Educação Permanente" foi oficializada num documento emanado de um projeto do Ministro da Educação Nacional da França, René Billères, referente ao "prolongamento da escolaridade obrigatória e reforma do ensino público". A exposição de motivos do seu projeto de lei afirmava: "é necessário que um trabalhador, qualquer que seja o caminho inicialmente tomado, possa adquirir novos conhecimentos se para tanto tiver capacidade e vontade. Esta promoção do trabalho já não pode ser assegurada pela oficina ou pela fábrica. Cabe à Educação Permanente promovê-la" (*apud* Tricot, 1973, p. 88-89).

---

4    *Plan Langevin-Wallon de Reforme de l'enseignement*. Paris: PUF, 1964. p. 183.

## 2 A invasão da Educação Permanente

Hoje, nos países desenvolvidos, muita gente insatisfeita com seu "capital" de conhecimentos volta à universidade ou a instituições de ensino. E à medida que o desejo de conhecer aumenta, aparecem instituições que se oferecem para satisfazê-lo. Tal fenômeno aumenta cada vez mais, sob a pressão de necessidades extrínsecas (econômicas, sociais, demográficas etc.) e, muitas vezes, criadas pela máquina publicitária ou necessidades intrínsecas do indivíduo (a angústia, a insatisfação, a solidão etc.).

Essa procura é motivada seja pela perspectiva de um salário mais elevado, seja – como é o caso para um certo número de privilegiados – pelo aumento do tempo de lazer. Estes últimos reencontram em qualquer tipo de aprendizagem uma maneira de ocupar o seu tempo.

Em 1960, Gaston Berger lançou as bases de uma *filosofia de Educação Permanente*. Durante uma palestra pronunciada na 23ª Reunião Técnica dos Cimentos Lafarge, no dia 13 de maio, ele a apresenta como uma necessidade dos novos tempos, uma "exigência da técnica"; "a educação jamais para", disse ele, "é preciso, portanto, que, continuamente, o espírito permaneça alerta"; "a tranquilidade não é para nós; nós temos que viver em equilíbrios incessantemente questionados, os quais precisamos restabelecer continuamente" (Berger, 1962, p. 144). Esse processo de aprendizagem continuada, simultaneamente exigência da ciência e da técnica e pressão econômico-social, não oferece outra alternativa para o ser humano moderno: "aprenda ou morra!" Para enfrentar a aceleração da mudança dominada pela técnica e pela ciência, para dominar o destino, para "ascender plenamente à humanidade"... eis algumas das razões de ser da Educação Permanente.

A ideia de que a educação é um processo que deve continuar durante a vida inteira não deixa de inquietar certos espíritos. Se levarmos em conta o número de estudos publicados versando sobre o assunto[5], constatamos que a ideia entrou rapidamente nos hábitos dos *tecnocratas da educação*. Nas devidas dimensões de cada projeto pessoal e de cada projeto educativo, a ideia da Educação Permanente ganhou rapidamente grande popularidade. Esta se estende também graças à ação direta de instituições como a Unesco, que adotou a Educação Permanente como "ideia mestra" de toda a sua política educacional. No Quebec, por exemplo, a adoção desta "recomendação" da Unesco está expressa no projeto de criação de um Centro de Pesquisa e Desenvolvimento em Educação Permanente dentro da Faculdade de Educação Permanente da Universidade Montreal. A criação de uma Faculdade de Educação Permanente já demonstra sua enorme importância bem como sua "integração" no sistema escolar e universitário. "A Educação Permanente, afirma um de seus idealizadores, só é uma "ideia mestra" ou um "fator integrador" porque é, antes de tudo, uma *necessidade social global* e uma total reformulação educativa. A contribuição que a universidade pode dar à análise e à satisfação dessa necessidade é única e insubstituível porque apenas ela possui recursos e a retaguarda necessárias a semelhante trabalho (Pineau, 1974, p. 2,6). A criação de um Centro de Pesquisas em Educação Permanente visa desenvolver e operacionalizar a ideia de Educação Permanente como fator integrador de toda política educacional na direção esboçada, entre outras, pelo projeto da "Cidade Educativa", apresentado pelo Unesco em 1970.

A ideia de uma *Cidade Educativa*, defendida pela Comissão Internacional para o Desenvolvimento da Educação da Unesco, é esta miragem da Educação Permanente que, atualmente, alimenta

---

[5] Uma pesquisa de documentos publicada em 1973 por Pierre Richard e Pierre Paquet reuniu 5 564 títulos sobre a Educação Permanente e seus conceitos periféricos. Essa pesquisa limitava-se unicamente à literatura existente sobre o assunto e publicada em língua francesa até 1970.

os sonhos dos países em via de desenvolvimento. No Brasil[6], por exemplo, a ideia de uma comunidade na qual a educação estaria "ao alcance de todos", "durante a vida inteira", "ministrada sob todas as formas possíveis", foi acolhida imediatamente pelos responsáveis pela educação. Assim, um país como o Brasil, que está longe de haver atendido o mínimo necessário para a educação fundamental, longe de haver esgotado seus recursos educativos, tenta implantar um "modelo" de educação cujos resultados devem ser postos em dúvida, dado que foram elaborados para as necessidades dos países altamente desenvolvidos.

Os *acontecimentos de 1968*, que levaram milhões de estudantes às ruas, preocuparam muito as "autoridades" internacionais, responsáveis pelo "bom comportamento" da educação. Por isso, certas organizações internacionais procuraram novos "modelos" de sistema escolar: "façam a universidade durante toda a vida, mas não façam a guerra", como dizia Claude Pantillon. Não é por mero fruto do acaso que a Unesco, o Conselho da Europa e a OCDE (Organização da Cooperação e Desenvolvimento Econômico), após 1968, apresentaram novos projetos para substituir o sistema "tradicional" de ensino por um sistema de Educação Permanente.

Aceito pelas organizações citadas, o *"princípio"* da Educação Permanente necessitava ser "operacionalizado". Assim, segundo Pierre Furter[7], membro do Comitê Diretor da Educação Permanente do Conselho da Europa, o plano de trabalho deste Organismo, no âmbito da Educação Permanente, passou primeiro por uma "fase conceitual" (de 1966 a 1971), durante a qual se propôs, principalmente, através

---

[6] Ver o texto de Pierre Furter e Vanilda Pereira Paiva, "L'Amérique Latine face à l'invasion de l'éducation permanente", no livro coordenado por Gaston Pineau. *Éducation ou alienation permanente?* Paris: Dunod, 1977.

[7] Cf. *Du discours à L'action: contribution à l'étude générale des problèmes posés par l'évaluation.*

de um longo programa, responder à questão: "como oferecer a cada indivíduo durante toda a sua existência uma educação adaptada simultaneamente às necessidades econômicas e sociais e às motivações pessoais?" A partir de 1972 (até 1978) seguiu-se uma "fase operacional" para "pôr à prova as primeiras tentativas de aplicação de certos aspectos e elementos do esquema geral da evolução da educação permanente pelos países membros".

A ideia de uma educação "permanente" impõe-se assim à pesquisa e ao planejamento da educação em geral não mais como simples *slogan* político, mas como um assunto central da reflexão pedagógica.

Pode-se afirmar, de maneira geral, que a ideia de Educação Permanente está ainda em evolução e que sua história recente passou por três etapas. Primeiro, nada mais era do que um termo novo aplicado à *educação de adultos*, principalmente no que se referia à formação profissional contínua. Depois, passou por uma *fase utópica*, integrando toda e qualquer ação educativa e visando a uma transformação radical de todo o sistema educativo. Finalmente, nestes últimos anos, inicia-se a elaboração de *projetos* práticos para operacionalizar o conceito ou certos aspectos deste princípio global, a fim de se chegar a um *sistema de Educação Permanente*.

# Capítulo II

## A Educação Permanente como discurso

### 1 Um discurso não destituído de unidade

Uma primeira leitura da documentação referente à Educação Permanente[8] nos mostra um discurso extremamente *aberto*.

---

[8] A natureza do nosso estudo não nos permitiu, de imediato, uma escolha "representativa" dos documentos, aliás numerosos, relativos à Educação Permanente. É por esse motivo que, em vez de escolher uma pequena amostra deles, limitada por um "ponto de vista", preferimos fazer primeiramente o recenseamento e a leitura da literatura existente. Tomar a Educação Permanente como *fenômeno* implica deixar-se interpelar pelos textos, mesmo na sua multiplicidade, na sua variedade, sem estabelecer, *a priori*, uma ordem hierárquica de importância. Nós trabalhamos mais explicitamente com documentos ligados a três organismos que sustentam o projeto da Educação Permanente: a Unesco, o Conselho da Europa e a OCDE. Um certo número de documentos foi consultado e utilizado durante o desenvolvimento do trabalho propriamente dito. Nossa bibliografia limita-se aos documentos citados. Enfim, nosso primeiro trabalho, em colaboração com Claude Pantillon, levou à apresentação dos principais textos sobre a Educação Permanente mencionada na bibliografia. Enviamos o leitor e a leitora a esses textos escolhidos. Sua finalidade é fornecer, de um lado, uma visão de conjunto, de outro lado, pôr à disposição do leitor elementos úteis, para que ele possa operar uma outra leitura crítica.

Essa abertura é ao mesmo tempo a força e fraqueza da Educação Permanente. Com efeito, ela é uma força porque "vê-se" projeto de educação, aberto, inacabado, mas ela é também sua fragilidade porque a Educação Permanente quer apresentar-se também como um conceito desideologizado, vazio, incolor, em que, finalmente, todas as esperanças e todos os pessimismos são permitidos.

O discurso sobre a Educação Permanente revela um consenso relativo ao nível do continente, isto é, ao nível do que envolve a Educação Permanente, em oposição ao conteúdo, em que a Educação Permanente revela-se extremamente diversa, fragmentada.

Vamos nos ocupar agora desse consenso que chamaremos simplesmente de *unidade do discurso*.

A Educação Permanente é, primeiramente, um discurso relativo à educação em geral, cuja *importância* na sociedade não é questionada; muito pelo contrário, atribui-lhe um papel primordial e decisivo, seja para *adaptar* os indivíduos a essa sociedade, seja para transformá-la. Os autores estudados estão de acordo quanto à *necessidade*, ao *papel*, à *possibilidade* de uma educação cuja característica mais eminente é que ela prossegue durante toda vida. Ao consenso relativo sobre importância da educação, acrescente-se o consenso relativo concernente à sua *extensão*.

Em segundo lugar, a Educação Permanente pretende apoiar-se sobre uma realidade. Enraizada num contexto, ela tende em direção a um *projeto global* de educação, repensada no seu conjunto, e dá impulso a uma série de mecanismos já estabelecidos ou a inventar. Ela se apresenta como projeto que se prolonga numa *ação*.

Desse modo, ao lado dessa primeira característica que se manifesta através da primeira leitura da documentação disponível, isto é, sua *abertura*, incorpora-se uma outra característica que chamaremos de tendência à *globalização*. Os discursos sobre a Educação Permanente manifestam a tendência comum a englobar todos os aparelhos educativos num só sistema, um sistema de Educação *Permanente*.

## Unidade ao nível do continente

Vamos começar pelo *valor* atribuído à educação. Com efeito, a importância não é nada mais que um valor, um peso que atribuímos a uma coisa.

Para a Comissão formada pela Unesco e que elaborou o Relatório[9] sobre o desenvolvimento da educação e propôs a Educação Permanente como "ideia mestra" das políticas educativas para os anos futuros (p. 206), o valor da educação é inquestionável. Ao contrário, toda a tentativa visando frear seu desenvolvimento global e progressivo deve ser rejeitada, insiste o Relatório (p. XXXV). "A educação do homem moderno é considerada em numerosos países como um problema de excepcional dificuldade e, em todos, sem exceção, como uma tarefa da mais alta importância. É um tema capital, de envergadura universal, para todos os homens que se preocupam em melhorar o mundo de hoje e em preparar o de amanhã. A Unesco, ao constituir a Comissão Internacional sobre o Desenvolvimento da Educação, mostra-se assim em dia com o calendário político contemporâneo" (p. XXIII). A afirmação da importância da educação, reconhecida por todos os países "sem exceção", atesta a crença, a *fé na educação*, como instrumento primordial na preparação de um mundo mais justo e mais igualitário. O valor da educação é um princípio de base da Educação Permanente. Segundo

---

9   Para mencionar esse documento, intitulado "Apprendre à Etre" e publicado pela Fayard-Unesco, nós o designamos como "Relatório E. Faure", "Relatório" da Unesco ou, simplesmente, "Relatório" de 1972. Edgar Faure, antigo ministro da Educação Nacional da França, foi o presidente da Comissão Internacional sobre o Desenvolvimento da Educação.

o mesmo Relatório, a educação é a garantia da *democracia*, postulado de partida da Educação Permanente. Com efeito, para os redatores do Relatório E. Faure, a chave da democracia é a educação "não só amplamente ministrada, mas repensada nos seus objetivos como nos seus processos" (p. XVI).

A importância da educação implica a *necessidade* de repensá-la no seu todo. Para a formação do "homem completo cujo advento torna-se mais necessário à medida que as pressões sempre mais duras separam e atomizam cada ser", a educação "deve ser global e permanente". Não se trata mais de adquirir, de maneira pontual, conhecimentos definitivos, e sim de preparar-se para elaborar, ao longo de toda a vida, um saber em constante evolução e de "aprender a ser" (p. XVI).

– Pode o ser humano alcançar o seu pleno desenvolvimento através da educação?

Sem dúvida, "aprender a ser" não significa "ser para aprender". Contudo, se é preciso aprender sem cessar durante toda a vida, podemos perguntar-nos se, de fato, essa inversão não se produz. O Relatório ignora essa questão. Ao contrário, ele afirma a necessidade do "acesso de um maior número possível de 'conhecedores' ao mais alto nível de conhecimentos". Nesse momento em que os "Estados modernos" "se lançam em direção aos graus mais elevados do conhecimento e do poder, como não sentiriam eles a inquietação e, em breve, a angústia, considerando estas vastas zonas de sombra que marcam no planeta uma geografia da ignorância, como existe ainda uma geografia da fome e da mortalidade precoce?", pergunta o Relatório (p. XXIV).

A Educação Permanente é um conceito, englobando a *formação do homem* e, consequentemente, um processo que se desenrola *enquanto durar a vida*. Assim descobre-se aqui um outro elemento dessa unidade: a *extensão* da educação. Ela não é somente uma formação profissional, um meio de qualificação para o trabalho, uma cultura geral ou uma reciclagem. Ela engaja toda a vida, ela diz respeito essencialmente à totalidade do ser humano: não se pode desenvolver uma parte sem referir-se ao todo. Ela não se limita à educação dos adultos, mas compreende e unifica todas as etapas da educação: pré-escola, escola primária, secundária, superior e extraescolar. Esforça-se, então, em considerar a educação na sua totalidade ou, como se exprime o Relatório E. Faure, "o conceito de educação permanente estende-se a todos os aspectos do ato educativo; engloba-os todos, e o todo é mais que a soma das partes. Não se pode identificar na educação uma parte permanente distinta do resto, que não o seria" (p. 205).

O Relatório da Unesco é o inventário e o resultado de uma confrontação de opiniões dos representantes de numerosos países. Por esse motivo encontramos quase a mesma linguagem nos outros documentos; quase as mesmas palavras. "A educação é um processo sem fim" diz Jocher em um documento do Conselho da Europa (p. 7). Como o qualificativo o indica, afirma Rasmussen (p. 1), a Educação Permanente "é uma noção nova que engloba o conjunto da educação repartida em etapas e períodos apropriados durante toda a vida da pessoa".

O consenso em torno da extensão da educação é também defendido pelos *Quatro Estudos*[10] que foram elaborados por ocasião do Ano Internacional da Educação, sob os auspícios da Unesco: "estas quatro contribuições", adverte o prefaciador, "não obstante a diversidade de seus pontos de partida prático e teórico, chegam à mesma conclusão, a saber, que interessa dar à educação esse caráter de permanência e de continuidade exigido ao mesmo tempo pela eficácia e pela justiça" (p. 5).

---

[10] *L'École et l'éducation permanente*: quatre études, a seguir designado apenas por "Quatro Estudos".

## A globalização da educação

A Educação Permanente visa a uma educação rearranjada, refletida e integrada no seu todo. Ela sustenta a ideia de um controle de todos os recursos educativos possíveis de uma sociedade e de sua execução. Isso significa unificá-los, coordená-los, sistematizá-los, rentabilizá-los, estruturá-los. O sistema da Educação Permanente deve oferecer a possibilidade "a todo adulto de poder, de fato, retomar, a qualquer momento, sua educação, lá onde ele a havia deixado" (Schwartz, Relatório I, p. 9).

O objetivo de uma aplicação do conceito de Educação Permanente é menos apresentar um corpo de estruturas e de estratégias e muito mais o de fornecer um *princípio de estruturação* sobre o qual poderia se fundamentar a organização global de um sistema educacional e de cada uma de suas partes (Relatório E. Faure, p. 205). Esse "princípio organizador" é a *permanência da educação*, que funda a Educação Permanente como um sistema completo, coerente e integrado (Moles, p. 44) e como um projeto de sociedade (Schwartz, 1973, p. 58).

Vejamos à luz dos textos algumas consequências da aplicação do princípio da *globalização da educação*.

Primeiramente, devemos continuar nossa formação durante toda a vida, as estruturas da educação de adultos e o sistema tradicional de ensino devem ser adaptados.

O objetivo fundamental da educação em nível primário, secundário e universitário, que era um período de preparação à vida ativa, deve ser modificado. Este período dito "escolar" teria como finalidade a aquisição de um método de trabalho, "alternado", sobretudo ao nível universitário, com a prática profissional. A Educação Permanente não é um prolongamento da escola, mas um projeto global de formação do que supõe uma reestruturação global do conjunto das instituições que devem colaborar para essa tarefa. "Hoje em dia a procura de educação, de formação e de instrução é tal", afirma o Relatório E. Faure (p. 207), "e sê-lo-á também amanhã, que não pode ser absorvida nos limites dos atuais sistemas institucionalizados, que devem, pois, ser desenclausurados interiormente e abertos exteriormente". Daí a necessidade da *diversificação* e da *multiplicação* de instituições educacionais.

A Educação Permanente, através desse princípio da globalização, reforça as modalidades formais e não formais da educação, englobando a aprendizagem planificada assim como a acidental. A educação *extraescolar* torna-se parte integrante da educação global. Daí a importância e o papel desempenhado no sistema da Educação Permanente pelas diversas instituições que formam a "cidade educativa", as empresas, as organizações sociais e religiosas, os meios de comunicação de massa etc., que intervêm para assegurar uma grande variedade de sistemas de aprendizagem. "As instituições pedagógicas como as escolas, as universidades e os centros de formação são evidentemente importantes, afirma outro documento da Unesco, mas somente como uma das organizações de Educação Permanente. Elas não têm mais o monopólio de educar as pessoas e não podem mais existir isoladamente das outras instituições educacionais da sociedade" (Dave, 1973, p. 16). A Educação Permanente pretende, desse modo, resolver o problema da dicotomia entre a educação formal e a educação não formal para dar lugar a dois "sistemas" de educação integrados e considerados como complementares.

Em segundo lugar, a globalização implica um *projeto de sociedade*. Essa implicação é reconhecida pelo conjunto da documentação que provém de três organismos internacionais (a Unesco, o Conselho da Europa e a OCDE) e de pesquisadores como Schwartz, Lengrand, Dumazedier, Kotasek, Hartung, Le Veugle e Furter. Isso resulta do fato de que uma planificação global da educação não pode ter lugar a não ser "a longo prazo", como afirma a OCDE[11] (p. 15). Com isso a Educação Permanente pretende exercer uma influência considerável sobre as estruturas sociais.

A definição desse projeto de sociedade continua muito vaga nos documentos analisados. Espera-se, contudo, que a Educação Permanente poderá oferecer os meios de responder às aspirações de cada indivíduo quanto à sua formação cultural e social. Assim, a Educação Permanente não pode limitar-se à enunciação de um princípio geral ou à discussão de meios, estratégias, métodos, programas, estruturas, mas necessita pronunciar-se sobre uma concepção das relações humanas e o sentido mesmo da existência. Disso resulta que a Educação Permanente ultrapassa o presente para projetar-se sobre o futuro. Torna-se um *ato planificado prospectivamente*, isto é, uma nova *utopia*. Pretende substituir uma educação que estava centrada sobre os primeiros anos da existência para estendê-la à vida inteira. Ela é, desse modo, um instrumento e um princípio de ação que permitirão decidir hoje, no presente, o que deve ser, amanhã, o futuro.

### Projeto e ação

A educação é "uma visão do futuro" (Jocher, p. 15), um futuro possível.

A noção de projeto é muitas vezes subjacente e algumas vezes explicitada. Para Schwartz, por exemplo, é manifesto que a Educação Permanente visa responder às exigências presentes, mas também visa forjar o futuro (1973, p.31 ss). Qualquer que seja o grau de explicitação do seu projeto, a Educação Permanente suscita muitas *esperanças* aumentadas frequentemente pela fé na tecnologia educacional.

---

[11] *L'éducation récurrente: une stratégie pour une formation continue*, a seguir designada apenas por "OCDE".

"Graças à experiência e aos meios existentes ou em potência, nas sociedades atuais, é possível (diga-se, sem diminuir em nada as dificuldades da tarefa) ajudar o homem a desenvolver-se em todas as suas dimensões: tanto como agente do desenvolvimento, agente de transformação e autor da sua própria realização – o que vem contribuir – pelos caminhos do real, para o ideal do homem completo", afirma o Relatório *Aprender a ser* (p. 179-180).

Há alguns anos, o "profeta" McLuhan dizia que uma rede mundial de computadores, num futuro próximo, poderia tornar acessível, em poucos minutos, qualquer conhecimento aos estudantes do mundo inteiro (McLuhan, 1969, p. 49). Os promotores da Educação Permanente são ainda mais otimistas, levando a crença na ciência e na técnica até um certo *lirismo tecnológico*. Com efeito, um relatório do Conselho da Europa afirma que a Educação Permanente, graças a uma tecnologia educacional avançada, pode passar de seu estado de projeto do futuro a uma realidade "na qual não haveria mais nem escolas sem relação com a vida, nem mestres, mas, em seu lugar, uma rede vigorosa de estabelecimentos educacionais completos 'self-service' e de centros culturais com ligações eletrônicas onde cada um receberia a todo o momento a educação apropriada: um sistema único com múltiplos meios (multimídia) envolvendo tudo, no qual cada um seria, por assim dizer, ao mesmo tempo, professor e aluno, este paradoxo aparente sendo resolvido graças à tecnologia educacional" (Jocher, p. 15). Os meios da tecnologia, segundo o Relatório E. Faure (p. XLIII), "representam para o cérebro humano o equivalente daquilo que poderia ser obtido através de uma mutação biogenética".

A Educação Permanente é também um projeto que leva à *ação* concreta, que mobiliza um número cada vez mais considerável de pesquisadores, de técnicos e tecnocratas da educação. Os encontros, as reuniões, as assembleias, os seminários, os colóquios, os "brainstormings" se multiplicam em todos os níveis. E modelos de aplicação dos princípios da

Educação Permanente não faltam. O projeto da "Educação Recorrente", da OCDE, já é um exemplo concreto de uma *estratégia* fundada sobre o princípio de uma Educação Permanente. Da mesma forma a *Lei* nº 71.575, de 16 de julho de 1971, na França, sobre "a organização profissional continuada no quadro da Educação Permanente", marca uma etapa importante na história da aplicação desse princípio. Outras medidas, acompanhadas de *gastos* consideráveis, foram tomadas por outros países, quer industrializados[12], quer em via de desenvolvimento[13].

– Que finalidades[14] são perseguidas por essas transformações?

A resposta a essa indagação é muito vaga nos documentos. Bertrand Schwartz fundamenta seu projeto educacional "para amanhã", seja sobre um princípio teórico (o valor da educação), seja sobre a hipótese prática de que as sociedades (os Estados Modernos) continuarão na via do desenvolvimento econômico progressivo (Schwartz, 1973, p. 36).

---

[12] Veja-se *L'éducation permanente en Suède* de Ulf Larsson (Suécia), Conselho da Europa, 1969.

[13] Veja-se a *Reforma de la educación peruana: informe general*, Lima, Ministério de Educación.

[14] A noção de finalidade, em educação, é particularmente ligada à noção de caminho, de direção, de horizonte e, como tal, é radicalmente diferente da noção de *objetivo*. As finalidades da educação não podem ser determinadas, fixadas ou medidas. A finalidade em educação é uma direção que se segue, um movimento de ultrapassagem e de constante aperfeiçoamento. Formar um ser humano livre é talvez uma finalidade geral da educação, mas isso depende certamente da explicitação da questão do humano, isto é, de suas condições reais de humanidade. Ao contrário, os objetivos, por sua natureza, são mensuráveis, fixos, determinados, só indiretamente ligados à pessoa, ao ser humano. A finalidade não é um fim, um ponto de chegada, um resultado, como o são os objetivos. Os objetivos econômicos e sociais atribuídos à educação, por exemplo, encontram sua razão de ser em finalidades que os transcendem. Assim, os objetivos, as ordens de prioridade, não podem ser determinadas sem uma reflexão prévia e fundamental sobre a natureza própria das finalidades centrais dos sistemas educacionais e da educação em geral.

Para ele, não se trata de estabelecer novas finalidades à educação: a Educação Permanente é uma concepção de conjunto de estratégias; (Schwartz, 1973, p. 57); ela visa formar "uma sociedade mais aberta e mais integrada", "pluralista", "igualitária"; ela visa formar "um homem desenvolvido física e intelectualmente", "autônomo, criativo, inserido socialmente" (Schwartz, 1973, p. 31 ss). Ou, como afirma o Relatório E. Faure (p. 5, 24 ss.), ela visa "formar o homem completo, real, acabado" e uma "sociedade moderna, educativa". A Educação Permanente visa formar o "homem integral" (Jocher, p. 10), e isso implica o "desenvolvimento individual" (OCDE, p. 35) e a formação da "personalidade" (Jocher, p. 10), a dar ao homem uma "chance de viver" (OCDE, p. 44)

Eis uma amostragem das respostas dadas pelos textos à questão das finalidades da educação. Nessa diversidade de opiniões, existe ao menos uma unidade, ou melhor, um ponto em comum: a ausência quase total de uma reflexão fundamental sobre esta questão. Como nas citações textuais aqui reproduzidas, fica-se apenas ao nível de declarações de princípios, muitas vezes vagas, e defesa de ideias que estão na moda. Daí esses documentos todos preconizarem a mudança sem se interrogar em profundidade sobre a finalidade de tudo o que pretendem mudar. E porque este *esquecimento* é fundamental, a Educação Permanente não chega a fundar um verdadeiro projeto educativo, mas faz apenas uma *projeção* da educação, como veremos mais adiante.

## 2 Um discurso nutrido pela diversidade

Mostramos até agora a unidade do discurso, ligada em geral, a uma filosofia "otimista" da educação. Como, então, compreender as divergências, as oposições existentes na sua literatura, a sua *diversidade*?

Com efeito, dissemos que existia um consenso ao nível do "por que" (valor, importância, necessidade, extensão, possibilidade da educação), mas não foi dito "como" (tarefas, funções, estratégias, métodos, etc.) a Educação Permanente pretende encher esse envelope vazio. Insiste-se no projeto, numa ação, mas de que projeto se trata? Quem deve pensá-lo? Como? O que podemos escorregar dentro desse envelope? "Os promotores da Educação Permanente estão numa situação pouco confortável", afirma Tardy (p. 33), "aquela que consiste em crer firmemente que uma coisa precisa ser feita sem saber como fazê-la nem qual é esta coisa". H. H. Frese (p. 1) chega à mesma conclusão: "após uma leitura atenta e crítica dos vários relatórios e documentos oficiais, pode-se constatar que a Educação Permanente serve de denominador comum a uma multiplicidade de coisas diferentes. De fato, parece que ela é considerada como o remédio para todos os males causados pelas mudanças, quaisquer que sejam ou que possamos sonhar". Eis aí as "vantagens" de um *quadro conceitual impreciso*: cada um pode modelá-lo segundo suas necessidades e interesses.

Para introduzir o assunto, é preciso assinalar desde logo que *essa diversidade* pode designar duas coisas. Primeiro, existe uma diversidade, inscrita no próprio conceito de Educação Permanente, necessária, desde que se espera dela muitas coisas, muitos serviços. Essa diversidade é coerente em relação à Educação Permanente. Nos documentos aqui considerados, esse conceito de diversidade serve para precisar e complementar a unidade. Mas é precisamente aqui que essa diversidade, que pretende completar a unidade, coloca sob a mesma etiqueta coisas totalmente diferentes e, assim, um outro tipo de diversidade torna-se possível. Os autores do discurso da Educação Permanente estão de acordo com respeito a um certo número de pressupostos, mas no momento de aplicá-los – o conteúdo do envelope – eles acrescentam coisas que colocam fundamentalmente em questão o próprio consenso. Assim, ao longo de toda esta parte consagrada à diversidade, é preciso levar em conta essa *ambiguidade*, pois queremos ser fiéis à letra do discurso.

## Diversidade em relação ao conceito de educação permanente

— O que é a Educação Permanente?

As respostas variam segundo o objetivo, as tarefas, as funções etc. atribuídas à Educação Permanente. A Educação Permanente é uma "noção " (Rasmussen, p. 1), um "princípio" (Bonacina, p. 34), um "princípio gerador" (Moles, p. 44; Frese, p. 3), um "princípio organizador" (Capelle, p. 5), um "pressuposto" (Tietgens, p. 16), um "sistema" (Janne, p. 15; Simpson, p. 27), um "sistema complementar" (Capelle, p. 43), um "modelo" (Jocher, p. 2), um "meio" (Capelle, p. 7; Jocher, p. 13; Moles, p. 43; Rodriguez, p. 19), uma "ideologia" (Simpson, p. 2), um "sistema contínuo e livre"' (Bonacina, p. 37), uma "doutrina" (Simpson, p. 1), um "movimento" (Simpson, p. 1), um "movimento irreversível" (Capelle, p. 30) etc.

Para Rasmussen (p. 2), "esta noção compreende a educação ministrada em instituições pedagógicas de todas as categorias, como as escolas maternais, as escolas primárias e secundárias. Compreende igualmente a educação extraescolar, ministrada através do rádio, da televisão e os cursos por correspondência. Deveria ainda englobar a aprendizagem e outros tipos de formação onde o aluno é colocado em situação de trabalho real para aprender um ofício ou uma profissão... Ela não engloba, todavia, as visitas a teatros e cinemas, as conversas e outros tipos de diversões, embora estes possam ter frequentemente um valor pedagógico tão grande para o indivíduo como a experiência escolar". Ao passo que para Dave (1973, p. 15) a Educação Permanente "compreende o conjunto continuado de situações para uma aprendizagem refletida, desde aquela bem-organizada e institucionalizada até aquela não institucionalizada e acidental".

Blackstone (p. 1) insiste na necessidade de uma *educação pré-escolar*, "a fim de estar de acordo com os princípios contidos neste conceito, a saber, aqueles concernentes à manutenção da educação durante a vida dos indivíduos e da igualdade de oportunidades oferecidas neste domínio". Por outro lado, Eide (p. 1) insiste na *educação pré-profissional*, pois esta é que constitui parte integrante da Educação Permanente.

Nosso propósito neste capítulo não é fazer uma análise da diferença, da diversidade das significações atribuídas à expressão "Educação Permanente", como o fez Tardy. A tarefa que nos impusemos não é também de considerar cada expressão num contexto diferente. Mostrando esse quadro de diversidade ao nível do conceito, apenas pretendemos sublinhar que, apesar das diferenças, um parentesco, um denominador comum, uma certa *unidade na diversidade* se manifesta veiculada por esta expressão e que existe uma enumeração, uma classificação, hierarquização de noções e de ideias cuja soma forma o conceito de Educação Permanente.

## Funções e expectativas

Tardy (p. 36) faz um inventário de dezessete *funções* atribuídas à Educação Permanente. Ele parte da análise de 21 textos publicados entre 1965 e 1969. Essas funções são as seguintes: formação geral, promoção humana, promoção de mulher, acesso à cultura, cultura popular, vulgarização do saber, formação profissional, aperfeiçoamento profissional, atualização dos conhecimentos, promoção do trabalho, conversão profissional, promoção social, treinamento para mudança social, formação sindical, educação cívica e política, educação dos pais e organização do lazer. A diversidade de funções, cujo número aumentou muito a partir de 1969, deve-se ao fato de que cada autor indica certas tarefas que a Educação Permanente deveria cumprir em função da sua situação concreta e da leitura dessa situação.

– O que se espera em geral da Educação Permanente?

Espera-se dela um sistema de educação flexível e diversificado que permita aprender a qualquer momento e no ritmo desejado, segundo os interesses de cada um, a idade e o grau de formação.

– Que *pedagogia* poderia conduzir a Educação Permanente aos objetivos fixados?

Os documentos que apelam constantemente para a ação encontram nas pedagogias ditas "ativas" uma grande ressonância. Para Schwartz, o novo sistema de educação deve conduzir o ser humano para a "autonomia" através de três fases pedagógicas distintas: a "autoformação assistida", a "autoformação" e a "autoavaliação".

Espera-se da Educação Permanente um sistema em que a construção da pessoa seja uma tarefa que continua a vida toda e que as relações entre educador e educando se deem em pé de igualdade. Por isso, Henri Hartung liga a Educação Permanente à pedagogia autogestionária. Segundo ele, esta pedagogia "completa e ultrapassa ao mesmo tempo a noção de Educação Permanente dando-lhe uma metodologia adaptada a todas as idades" (1972, p. 44). Uma e outra, conclui Hartung, encontram laços fundamentais (Hartung, 1975).

As *expectativas*, seja ao nível do sistema educacional, seja ao nível de uma pedagogia, dependem, em grande parte, da apreciação da situação, em função das necessidades dos diferentes lugares, por exemplo, ao nível das políticas de cada país e ao nível das tendências políticas no seio de um mesmo país. A Educação Permanente é apresentada de tal maneira que "cada país poderia escolher o que julgasse melhor, segundo as condições de sua economia, da sua ideologia e, enfim, segundo a sua conveniência", como sustenta o Relatório E. Faure (p. 262).

Percebe-se, assim, uma certa unidade na diversidade no que se refere às funções e expectativas, seja pelo grande número de serviços que a Educação Permanente quer nos prestar, seja através dessa convergência pedagógica. A diversidade das funções e das expectativas se justifica: a Educação Permanente é uma orientação comum que só toma forma concreta em função da situação histórica onde ela intervém.

## O suporte institucional

No próprio interior de noções comuns, existem interpretações muito divergentes. Tomemos, por exemplo, a noção de "sistema" ou "suporte institucional".

Para o Relatório E. Faure, a Educação Permanente deve ser um *sistema global*. Ela deve "ultrapassar os limites das instituições, dos programas e dos métodos" (p. 163). Por isso, a Educação Permanente deverá ser um sistema educacional centralizado, funcional, racional. Recomenda ainda o Relatório que "a responsabilidade geral da ação educacional, ou pelo menos do conjunto do sistema escolar, se atribui a uma só e mesma autoridade pública" (p. 257). Isso contrasta, evidentemente, com a afirmação de Hartung de que a Educação Permanente e a corrente autogestionária da pedagogia atual mantêm vínculos profundos.

Para outros, a Educação Permanente deve constituir-se num *sistema* complementar do sistema escolar. Para Frese (p. 3) a Educação Permanente é "um complemento necessário para a atualização dos conhecimentos anteriormente adquiridos na Escola". Para Schwartz (p. 9) uma das razões que militam em favor de uma Educação Permanente é a constatação atual de que "não se pode mais fazer tudo na escola", o que implicaria a mesma complementaridade assinalada por Frese.

Outras ainda propõem um conceito de Educação Permanente que subverteria completamente os atuais sistemas. Para estes, a Educação Permanente significa um *sistema completo e totalmente novo* que engloba toda a educação, tanto a intencional como a acidental: "a educação permanente não significa, como muita gente ainda continua supondo, o prolongamento da escolaridade ou ainda a absorção de uma educação de adultos feita por amadores num sistema de escola complementar" (Jocher, p. 12), "ela engloba a educação ministrada não apenas após a escolaridade oficial, mas igualmente a ministrada durante essa mesma escolaridade" (OCDE, p. 15).

Em todos os casos, a noção de sistema se impõe para uma estratégia de conjunto, global e permanente. Para compreender a Educação Permanente, acrescenta a OCDE (p. 9), "é preciso ter presente ao espírito esta dupla origem e esta dupla pretensão que é de oferecer um outro sistema completo, que funcionará nas sociedades futuras e que trará as soluções para as atuais insuficiências do aparelho educacional". Fica, porém, a dúvida: este sistema seria ainda o sistema escolar?

Os documentos levantam, no que concerne ao suporte institucional, um grande debate que continua, ao menos por ora, ainda muito impreciso.

A OCDE rejeita a tese da "desescolarização" (Illich) opondo-lhe o conceito de "educação recorrente". Este conceito difere da proposição de Illich. A OCDE propõe uma transformação das instituições educacionais vendo nelas mesmas um instrumento próprio para facilitar essas transformações e apelando para todo um arsenal educativo atual, oficial ou não (p. 15). Para a OCDE o sistema escolar (transformado) é indispensável para a igualdade de oportunidades e para o livre desenvolvimento do indivíduo.

O Relatório da Unesco acha as concepções do Centro Intercultural de Documentação (Cidoc), de Ivan Illich, "interessantes" (p. 24), mas

## 100    A EDUCAÇÃO CONTRA A EDUCAÇÃO

também não aceita a tese da desescolarização, apoiando-se também no modelo escolar. De fato, a "cidade educativa", modelo de educação para os peritos da Unesco, é uma escola de dimensões globais e permanentes, correspondendo à extensão da função educativa às dimensões de toda a sociedade" (p. 184), através de instituições escolares solidamente estruturadas e centralizadas. A escola, afirma o mesmo Relatório (p. 184), "deve desempenhar o papel que se lhe conhece, que tem ainda de desenvolver mais largamente". Para atingir esse objetivo a Unesco "recomenda" aos países membros aumentarem os orçamentos destinados à educação.

Apesar disso a Educação Permanente não se apresenta como uma simples "escolarização interminável", como afirma Illich. Ela oferece uma alternativa à escolarização, alargando o seu conceito e o próprio conceito da educação. Mas ela continua sendo fundamentalmente uma *ideia escolar*: ela quer vir em socorro dos sistemas de formação inicial hoje fracassados. Ela pretende oferecer aquilo que um número pequeno de anos, passados na escola, não pôde até agora oferecer: uma bagagem de conhecimentos que poderiam ser suficientes para as necessidades de toda a vida, impossíveis de serem adquiridos durante a escolaridade normal, pois a evolução e a obsolescência dos conhecimentos acelera-se cada dia mais.

O extraescolar intervém no sentido de levar em conta a evolução das capacidades, das motivações e aspirações que variam segundo a idade e o contexto no qual o indivíduo se insere nos diferentes períodos de sua vida (Rasmussen, p. 2). Nos documentos analisados, o modelo escolar está ainda muito presente. Quando se fala no extraescolar é sempre com referência ao "escolar". O extraescolar apenas reproduz o modelo escolar, notadamente no que concerne ao seu conteúdo social e político, seus objetivos, seus métodos, sua planificação. Visa, em geral, suprir os "defeitos" ou falhas de uma escola cada vez mais marginal e marginalizada em relação às reais necessidades da sociedade industrial, aceitando, contudo, sua hierarquia, sua ciência, seus métodos, enfim, sua "estratégia".

Por tudo isso pode-se concluir que a Educação Permanente não coloca fundamentalmente em questão o *monopólio da instituição* na sua tarefa (necessária) de educar os indivíduos. Pelo contrário, através da Educação Permanente quer-se justamente estender o domínio da educação. Esta se estende agora a todos os domínios: lazer, vida em família, participação social, vida profissional e a outros aspectos da existência humana (Unesco, p. 215). Preconiza-se, portanto, um reforço considerável às instituições que atualmente se responsabilizam pela educação.

# Capítulo III

## A Educação Permanente como fenômeno

### 1 Primeira argumentação: "princípio de realidade" (fenômeno)

Neste capítulo usaremos frequentemente a palavra "fenômeno" para designar seja o *contexto*, a "realidade" histórica e social à qual a Educação Permanente apela para se explicar, se justificar e se fundar, seja a própria Educação Permanente enquanto *processo* profundamente enraizado numa "realidade". De um lado, a Educação Permanente utiliza o argumento "realidade": é o "ponto de vista" da Educação Permanente; por outro, nós próprios consideramos a Educação Permanente como fazendo parte desta "realidade", como processo já em andamento que o discurso "faz ver", interpreta e no qual ele intervém[15].

---

[15] Não queremos abandonar o sentido fenomenológico de fenômeno. Aqui desejamos evidenciar essa segunda categoria epistemológica da Educação Permanente que chamaremos "fenômeno". Essa categoria, contudo, não pode "se mostrar" a não ser

A Educação Permanente precisa recorrer a esse "princípio de realidade" (Pantillon, 1973), caso contrário ela não teria força alguma.

Continuamos, neste capítulo, como no anterior, a nos apoiar sobre os textos, sobre o que eles dizem, isto é, sobre o discurso da Educação Permanente, mesmo apresentando-a como fenômeno. Não é possível dissociar fenômeno e discurso, pois não *há* fenômeno sem discurso do fenômeno. Mostrar esse segundo nível de uma primeira etapa, mais superficial, de uma "leitura" da Educação Permanente é mostrar que ela é *consequência*, a *expressão* de qualquer coisa e que ela quer chegar a qualquer coisa.

## Educação Permanente: processo em andamento e imperiosa necessidade

Mostramos no capítulo anterior que a ideia de Educação Permanente é muito antiga. O que é novo hoje é que uma educação continuada é "exigida" (*sic*) pela evolução mesma da sociedade e da educação e que, finalmente, ela já está em andamento, queira-se ou não. Como afirmam seus promotores, existe hoje uma "corrente histórica", "universal" e "irreversível" reclamando uma educação contínua em todas as idades. "Nossa época", afirma o Relatório Aprender a Ser (p. 39), "está marcada por uma necessidade de educação de uma amplitude e dum vigor *sem precedentes*. Esta evolução observa-se, por diversas razões, mas concordantes, em todas as regiões do mundo, indiferentemente do nível de desenvolvimento econômico, da taxa de crescimento demográfico, da densidade de povoamento e do avanço tecnológico, da cultura e do sistema político de cada país. Trata-se, pois, de um fenômeno histórico, de caráter universal. Tudo indica que essa corrente irá se ampliar neste sentido. Isto parece-nos *irreversível*.

---

sobre a base daquilo que a Educação Permanente é enquanto fenômeno, no sentido fenomenológico.

É o primeiro dado em que necessariamente se deverão inspirar as políticas educativas do futuro."

Essa constatação, que serve de argumento para a Educação Permanente, é suficiente para os peritos da Unesco para propor uma "educação global" dentro da escola e fora dela. Porque a Educação Permanente "manifesta-se já como uma aspiração consciente, ditada por múltiplas necessidades, tanto nos países que sofrem de uma estagnação de uma economia tradicional quanto nos países envolvidos por uma evolução dinâmica". Assim em todos os países, os gastos em matéria de educação precisam ser aumentados, conclui o mesmo Relatório Aprender a Ser. Dessa forma, os promotores da Educação Permanente abandonam rapidamente a *realidade* propriamente dita, os fatos, a contestação, passando à resposta (escolha, decisão), à regulamentação, às recomendações etc. Se é assim deve continuar assim!

A exigência de um sistema de educação "global e permanente" aparece no momento quando, por diversas razões, muitas pessoas devem se reciclar, se aperfeiçoar, procurar uma formação, profissional ou cultural, fora da escola tradicional. Segundo R. H. Blakely (*Quatro Estudos*, 110-111), em 1970 havia nos Estados Unidos perto de 60 milhões de pessoas recebendo uma educação sistemática fora das escolas e universidades do tipo clássico, número ligeiramente superior àquele da população escolarizada desde a escola maternal até os estabelecimentos de ensino superior ou profissional. o que mostra que o discurso da Educação Permanente não cai do céu nem é produzido pela cabeça dos educadores ou dos estrategistas da educação.

Todavia, essa demanda "permanente" de educação não é só provocada "espontaneamente" pela evolução da educação e pela evolução da sociedade. O discurso da Educação Permanente exerce já uma influência considerável na elaboração dos novos sistemas de educação, dos programas, das leis sobre a educação etc. A "autoridade" de certos organismos internacionais em matéria de educação

106 A EDUCAÇÃO CONTRA A EDUCAÇÃO

parece exercer uma influência cada vez maior sobre as iniciativas regionais (nacionais). A exemplo da *economia ocidental, capitalista*, a educação tende, segundo os promotores da Educação Permanente, a ser repensada em *escala internacional*. A Unesco exprimiu "a esperança de que as autoridades nacionais responsáveis pela educação, apoiando-se na assistência que lhes oferecem para este efeito as instâncias internacionais, reconhecerão a necessidade, primordial, de situar os problemas de educação numa perspectiva global" (Relatório Aprender a Ser, p. 26).

O fenômeno Educação Permanente atinge um número cada dia maior de educadores, políticos, pesquisadores, instituições, países etc. Poderíamos fazer aqui um longo inventário de "inovações", de "projetos", de "reformas" etc., que se reclamam do princípio de uma Educação Permanente. É suficiente aqui mencionar alguns *exemplos*: entre outros, a lei de julho de 1971 na França, já mencionada; o sistema educacional Tevec, do Quebec; o programa Parkway implantado na Filadélfia, nos Estados Unidos; o "Educational Planning" da província de Alberta, no Canadá; a experiência da educação recorrente na Suécia; o sistema de nuclearização do Peru, promulgado pela "Lei geral da educação" em 1972, para não mencionar aquelas "inovações" que são citadas com maior frequência pelos documentos analisados.

A ideia da Educação Permanente tende a se impor rapidamente. A França já gasta o equivalente a um terço do seu orçamento dedicado à educação para a formação profissional continuada (Illich; Verne, 1975, p. 14). Como afirma o professor da Universidade Livre de Bruxelas, Henri Janne, a Educação Permanente é um "fator de mutação do sistema atual de ensino". Por outro lado, Simpson (p. 37) constata que na Inglaterra também "os ideais de uma Educação Permanente foram já incorporados em certos aspectos do sistema educacional". Enfim, a Educação Permanente faz parte de uma "realidade" de um "movimento" (Simpson, p. 1), de um "movimento irreversível" (Capelle, p. 30), cuja importância para a educação não pode mais ser desprezada.

## Educação Permanente: exigência da mudança e expressão do modo industrial de produção

A identificação desta "realidade", deste contexto, varia de um autor para outro e de um organismo para outro. Todos eles assinalam, contudo, certos caracteres dominantes desta "realidade". É preciso realçar nos textos a importância e o papel de um "princípio de realidade". Esta ideia-força dá à Educação Permanente uma *dimensão mundial*: ela pretende responder globalmente às principais necessidades das sociedades atuais e aos "desafios" afrontados pelo homem moderno, caracterizados particularmente pela *mudança* e pelo *modo industrial de produção*[16] que invade todos os setores da vida moderna.

## A mudança

A mudança acelerada, característica da sociedade industrial, é um ponto de partida importante do discurso da Educação Permanente. Inútil fazer aqui o inventário dos progressos realizados pela técnica e pela ciência durante os últimos decênios: "noventa por cento de todos os cientistas e inventores da história inteira da humanidade vivem na nossa época" (Relatório da Unesco, p. 99). Esse acréscimo de pessoal que se dedica à ciência e à técnica e, consequentemente, está vinculado a instituições de pesquisa e de inovação provocou uma *aceleração*

---

[16] A expressão é de Ivan Illich. Com essa expressão, definida mais adiante, pretende-se ultrapassar o "espírito de sistema", mostrando que é possível, sem pôr em questão a análise dos modos de produção feita por Marx na *Contribuição à crítica da economia política*, detectar características comuns que hoje, tanto nos países chamados socialistas quanto nos países que defendem o capitalismo, conduzem à ideologia produtivista e à burocracia.

*exponencial da mudança.* A mudança acelerada das sociedades industriais provocou uma "grande mutação", afirma esse Relatório (p. XXV), que "põe em causa a unidade da espécie, o seu futuro, a identidade do homem como tal [...]. A situação que nós examinamos é inteiramente nova, não lhe podemos encontrar nenhum precedente, porque não provém, como se diz ainda muitas vezes, dum simples fenômeno de crescimento quantitativo, mas duma transformação *qualitativa* que atinge o homem nas suas características mais profundas, e que, de qualquer maneira, o renova no seu gênio" (*idem*).

Com o advento da "revolução industrial", as "sociedades estáveis", "tradicionais", de economia agrária, transformam-se em "sociedades em mudança", forjando e implantando novos valores: a *inovação técnica e científica, o progresso* (Janne, p. 6 ss.)[17].

As consequências se impõem para a educação: "a evolução contínua exige uma aprendizagem contínua" (Frese, p. 6); "numa sociedade em rápida mutação, o estudo deve ocupar necessariamente a vida toda", insiste a OCDE (p. 19). A *obrigação* de se instruir sem parar precede, por assim dizer, o *direito* de se instruir também sem cessar. Esta obrigação é motivada, em parte, pelo medo de ser esquecido, manipulado, alienado, medo provocado por uma sociedade onde o conhecimento inovador é cada vez mais necessário para o trabalho e para todas as atividades cotidianas. "A concepção atual de Educação Permanente, afirma P. Allouard, se formou pouco a pouco da necessidade de se atualizar constantemente, para não ser ultrapassado pela evolução e, notadamente, pela aceleração do desenvolvimento dos conhecimentos" (*Quatro Estudos*, p. 249). "Não existe um texto", afirma Charlotte Rodriguez[18], "que não se refira a esta tríplice ideia de que o

---

[17] Os autores do discurso sobre a Educação Permanente inspiram-se claramente na Teoria da Modernização.

[18] *Education permanente*, estudo realizado a pedido da Unesco, p. 17.

mundo atual é, antes de mais nada, um mundo em mudança rápida, que os homens diante dessas mudanças de toda ordem, que afetam suas relações com o mundo, não estão mais em condições de achar o equilíbrio pessoal indispensável, e que a culpa deve-se, em grande parte, aos sistemas educacionais esclerosados e desadaptados."

## O modo industrial de produção

A ideia de globalizar, de planificar, de rentabilizar, de unificar a educação foi tirada, pelos promotores da Educação Permanente, da evolução da economia capitalista. É a *expressão* do modo industrial de produção. O modo industrial de produção caracteriza-se por essa exigência de centralização, de globalização, de unificação, de rentabilização etc., que conduz inevitavelmente ao monopólio e à uniformização. A educação, em relação a isso, segue uma "tendência geral" que se verifica em todos os domínios; "da mesma forma como certos países criaram, sob o apelo de conselhos econômicos e sociais, vários organismos encarregados de tratar conjuntamente de questões de interesse para a indústria, a agricultura, os transportes, os investimentos etc., diz o Relatório da Unesco, dia virá em que se dará aceitação igualmente ampla ao conceito global de 'educação' (ou dos 'recursos humanos'), o que poderá conduzir a instituir, ao lado ou no lugar do Ministério da Educação, um conselho governamental ou interministerial da Educação".

A exigência de uma Educação Permanente aparece no momento em que o modo industrial de produção – seja ele controlado pelo monopólio privado ou público – precisava de um meio mais eficaz do que a educação tradicional para adaptar rapidamente os indivíduos, e mais particularmente os trabalhadores, às tendências previsíveis da economia. Indispensável para a manutenção das sociedades em mudança, a Educação Permanente submete toda a educação à política econômica. De um lado, a Educação Permanente traduz, no domínio educativo, o conceito de monopólio do modo industrial de produção, de outro lado, ele tende a integrar a educação a este mesmo monopólio para operar a sua *reprodução*.

## 2 Segunda argumentação: "recursos humanos" (articulação discurso-fenômeno)

A Educação Permanente se explica, se justifica por uma "realidade" histórica: o progresso, o crescimento, a inovação técnica e científica, o modo industrial de produção, da mesma forma que ela valoriza as possibilidades do ser humano ("recursos humanos") em relação a essa "realidade". Isso significa que ela se utiliza de um novo tipo de argumentação: articula fundamentalmente o discurso com o fenômeno e *projeta* a partir dessa "realidade" uma imagem do ser humano e da sociedade de amanhã.

### Educação Permanente: "processo do ser"

A Educação Permanente não é apenas o *ponto de chegada de um processo histórico*, a expressão de uma tendência fundamental das "sociedades modernas". Ela é, segundo os seus promotores, uma exigência fundamental do ser humano enquanto humano: um "processo do ser". "O ser humano", afirma o Relatório E. Faure (p. 179), "vem ao mundo com um lote de potencialidades que tanto pode abortar como tomar forma em função das circunstâncias favoráveis ou desfavoráveis onde o indivíduo é chamado a evoluir. É, portanto, por essência, educável. De fato, não cessa de 'entrar na vida', de nascer como ser humano. Este é um dos principais argumentos a favor da Educação Permanente."

A vida dos homens nas "sociedades em mudança" não é mais, como nas sociedades "estáveis", dividida estritamente em três idades:

a juventude, a idade adulta e a velhice; a primeira considerada como a idade da escola, da aprendizagem, a segunda como a idade do trabalho e da produção e a terceira como a idade do repouso e da aposentadoria. As "sociedades modernas" ou "sociedades em mudança" exigem uma revisão desses períodos e oferecem as possibilidades de prosseguir a aprendizagem começada na infância e de repartir o lazer e o trabalho sobre a vida inteira. Mais, o organismo do próprio homem, como seu psiquismo, é tal que demanda um esforço de adaptação constante, do nascimento à morte: "os adultos que não continuam exercendo suas faculdades intelectuais têm cada vez maior dificuldade na aquisição de novas capacidades, na mudança de atitudes e na adaptação a situações novas" (Huberman, p. 40).

A natureza humana é invocada pelos autores de vários documentos para justificar a Educação Permanente. "É certo", conclui Le Veugle (1968, p. 15), "que as três idades da vida humana necessitam hoje de um esforço contínuo de educação. É a partir desta constatação que nasceu a ideia da Educação Permanente."

## Educação Permanente: projeção da educação

A Educação Permanente não pretende fixar novas finalidades à educação, mas, nem por isso, pode evitar a questão a seu respeito. Essas finalidades estão presentes no seu discurso de uma maneira ou de outra, reveladas por certas expressões ou pela maneira mesma de interpretar a "realidade" histórica, subjacentes à sua tarefa geral da educação ou simplesmente projetadas.

### O "homem total"

Com efeito, expressões como o "homem total", o "homem concreto", o "homem real", "todo homem" ou o "homem integral" revelam que as finalidades da educação aí estão presentes, frequentemente como dogma, mito ou como pressuposto. Com muita frequência, nos documentos aparece a ideia de que a educação permite e provoca uma mudança constante no indivíduo, o que corresponde de perto ao ideal educativo de Aristóteles: desabrochar as virtualidades que nascem com o homem para torná-lo "integral", "total". O que é novo é o ponto de partida (as constatações e argumentos) da Educação Permanente: se é preciso "prosseguir no crescimento" (Relatório E. Faure, p. XXIV), é preciso que os *indivíduos* possam aumentar suas possibilidades, tendo em vista uma produção e uma rentabilidade maior; se vivemos em um "mundo impregnado de ciência" (*id.*, p. 168), é preciso prepará-los "cientificamente". A formação tecnológica e científica aparece, aos olhos dos promotores da Educação Permanente, como uma das "finalidades" maiores do sistema educacional. O universo do homem mudou. Hoje, este homem não pode compreender este universo a não ser "na medida em que possua as chaves do conhecimento científico" (*id.*, p. 168).

O que é o "espírito científico" que deve formar o "homem total"? Para o Relatório da Unesco, o "espírito científico" é o contrário do espírito dogmático ou metafísico" (p. 168), é "não formular julgamento antes de verificá-lo" (*id.*). Implicado por todo desenvolvimento (p. 104), é esse "espírito universal" (*id.*) que deve ser a base de toda "doutrina razoável da educação" (*id.*). "A ciência e a tecnologia devem tornar-se os elementos essenciais de todo o empreendimento educativo; inserir-se no conjunto das atividades educativas destinadas às crianças, aos jovens e aos adultos a fim de ajudar a pessoa a dominar não só as forças naturais e produtivas, mas também as forças sociais e, fazendo-a adquirir domínio de si própria, das suas escolhas e dos seus atos: enfim, ajudar o homem a impregnar-se do espírito científico, de maneira a promover as ciências, sem por isso se tornar escravo" (*id.*). Assim, os peritos da Unesco encontraram nos laços existentes entre *produtividade* e *humanismo científico* a ideia de uma "valorização" dos recursos (possibilidades) do homem.

Procede-se, assim, com o homem na mesma medida em que se procede com a natureza.

O "homem total", ponto de chegada do humanismo científico, é necessário para o desenvolvimento crescente dos bens de produção industrializados, objetivo das sociedades modernas desenvolvidas ou em via de desenvolvimento. Ora, para desenvolver uma sociedade, afirma o Relatório da Unesco (p. 173), "não basta elevar o nível de qualificação dos produtores; é preciso também ajudar cada um a tornar-se um agente consciente do desenvolvimento, como um consumidor esclarecido, graças a um conhecimento real das leis, dos mecanismos, das organizações da vida econômica da nação [...]". Na escola, e por todos os meios, a educação "econômica" deve tornar-se elemento essencial da consciência e da cultura de massas. Melhores conhecimentos do funcionamento do mundo moderno vão ajudar o *indivíduo* a melhor orientar-se na "sociedade em mudança" e a "se defender contra o risco da alienação, contra a propaganda abusiva e as mensagens tentadoras dos meios de comunicação de massa", conclui o Relatório da Unesco.

Como se pode observar facilmente, o centro do "projeto" da Educação Permanente é o *indivíduo* enquanto tal. Nos relatórios do Conselho da Europa e da OCDE, a preocupação é a mesma: "é preciso preparar o advento de um homem que *resista melhor ao ambiente*, que se *adapte melhor ao mundo técnico*. A Educação Permanente visa tornar todo indivíduo capaz de *compreender* o mundo técnico, social e cultural, tornando-o autônomo em relação ao seu ambiente" (Schwartz, p. 6).

O indivíduo é assim o eixo central do projeto (projeção) educacional da Educação Permanente: é o indivíduo que deve preparar-se para se defender, através do *desenvolvimento optimal* de suas possibilidades, defender-se contra a frustração, a despersonalização e o anonimato da "sociedade moderna". Não é de se estranhar, portanto, que os documentos insistam frequentemente na necessidade de preservar e de desenvolver os "dons originais" e o "gênio criador" de cada um, a capacidade de pensar claramente, pois esse indivíduo não deve apenas oferecer o máximo de serviços a esta sociedade, como deve estar constantemente atento a fim de não sucumbir aos riscos e armadilhas que ela prepara contra ele.

## A "cidade educativa"

Dentro deste contexto individualista, a "cidade educativa", apresentada pelos documentos como um complemento essencial do "homem total", parece muito mais uma contradição do que um complemento. Para formar o "homem total", aquele que desenvolveu todas as suas potencialidades, é preciso criar "cidades" essencialmente educativas. Se "todo indivíduo deve ter a possibilidade de aprender durante toda vida", são necessárias instituições conformes, "cidades" como Atenas, talvez, onde a educação não estava repartida e reservada a certas épocas da vida, a certos lugares. Como afirma o Relatório E. Faure (p. 185), "em Atenas, a educação não era uma atividade isolada, limitada a algumas horas, em certos lugares, numa dada época da vida. O ateniense formou-se pela cultura, pela *paideia*. E isto graças à escravatura... Mas as máquinas podem fazer pelo homem de hoje o que a escravatura fazia em Atenas a alguns privilegiados."

– Que máquinas poderiam construir as "cidades educativas"?

Esse mesmo Relatório consagra numerosas páginas a esse assunto, apresentando o que chama de "instrumentos de mudança". Esses instrumentos seriam notadamente os computadores, a cibernética em geral, a tecnologia da comunicação, a televisão, o rádio, a telecomunicação, as tecnologias intermediárias etc. Não é mais possível aprender hoje, pelo menos nos países onde a explosão demográfica é gritante, através da instituição tradicional, fundada na relação professor-aluno.

Os projetos educacionais devem, portanto, ser concebidos em escala planetária. "A difusão transnacional de mensagens procedentes duma mesma fonte postulará, portanto, a constituição, à maneira das comunidades econômicas existentes, de 'comunidades pedagógicas' que possam harmonizar e pôr em comum os meios de preparação e de produção de programas televisionados, na base de acordo que assegurem o respeito das soberanias nacionais e a especificidade dos sistemas educativos de cada país, concretizando em conjunto uma vontade comum de renovação pedagógica [...]. Por fim, pode-se encarar a constituição de organismos internacionais habilitados a orientar a política de produção de emissões, a dirigir horários e conduzir eventualmente as arbitragens necessárias" (p. 140-141). Dessa forma, todos poderiam aproveitar-se da informação e por isso "aprender a ser".

Todas essas informações seriam preparadas por um pequeno grupo de peritos que, em alguns segundos, poderiam passar de um extremo a outro dos continentes e ser utilizadas por milhares de estudantes simultaneamente. Todas as lições poderiam atingir um alto grau de rentabilidade, reduzindo os "custos unitários" (p. 258). Bastaria apenas um pequeno grupo de técnicos para fazer aparecer as lições na tela ou no rádio... e a *planificação global, planetária*, do processo educativo não seria mais um sonho, mas uma realidade. O sistema atual de educação seria *substituído* por um *sistema de Educação Permanente*.

## Conclusão

## Quadro sinótico de uma leitura fundamentalista

Chegamos ao final desta primeira etapa de nosso estudo crítico cujo objetivo era ter uma *visão global, panorâmica*, da Educação Permanente; lembrando um pouco da dialética heideggeriana, uma visão capaz de abrir possibilidades de prosseguir a interrogação num outro nível. Isso foi feito interrogando a documentação disponível, deixando-a falar. Assim, agora, torna-se possível montar um quadro conceitual da Educação Permanente na sua totalidade. Na conclusão desta parte, reuniremos todos os elementos encontrados que formam essa totalidade. Isso quer dizer que, em lugar de proceder, como fizemos até agora, através de análise, efetuaremos a *síntese* que chegará a um *quadro geral* e sinótico da Educação Permanente.

A "fenomenologia da Educação Permanente" – tal como é apresentada por uma leitura que chamamos de "fundamentalista" – tem por tarefa essa primeira tomada de contato, cuja utilidade deve ser medida em função dos elementos que ela coloca em evidência para prosseguir o trabalho de interpretação. Esse quadro pretende resumir o caminho percorrido até agora e mostrar num só relance o fenômeno da Educação Permanente.

O método utilizado para a escolha dos elementos que constituirão o conjunto deste quadro pode se aproximar, de alguma forma, do método compreensivo em sociologia. Esse método visa, em sociologia, apresentar um "quadro de pensamento homogêneo" e coerente, um "tipo ideal", segundo os termos de Max Weber (1968). Pode-se obter um quadro sinótico acentuando os elementos explicitados, encadeando os fenômenos isolados e difusos e ordenando-os segundo os precedentes "pontos de vista". Pode-se acentuar esses elementos porque uma leitura do fenômeno precede a reunião dos dados do fenômeno. É por isso que o valor do método compreensivo é, no nosso estudo, puramente instrumental, operacional.

A Educação Permanente apresenta-se notadamente sob a forma fundamental, epistemológica, desses quatro elementos apresentados com relevo particular por nossa leitura: *discurso, fenômeno, projeto e ação*. Chamamos a esses quatro elementos de "categorias". A explicitação dessas categorias e os laços que as unem podem nos dar uma *inteligência panorâmica* e global da Educação Permanente.

Discurso e fenômeno são as primeiras categorias que podemos "ler" ao entrarmos em contato com a Educação Permanente. Elas se implicam mutuamente, interagem, ao mesmo tempo em que elas dão lugar a um projeto e a uma ação. O discurso veicula um projeto (projeção) educacional, um projeto que não fica ao nível do discurso, mas se prolonga numa ação concreta. Da mesma forma, essa ação intervém diretamente sobre o projeto. Ela o condiciona e lhe dá um peso. Assim, as quatro categorias apresentadas formam um *todo homogêneo*, integrando as diversas maneiras de ver a Educação Permanente. De fato a Educação Permanente pode ser considerada como discurso sobre a educação, como fenômeno observável, como projeto educacional e como ação pedagógica orientada para uma finalidade, mas todas essas categorias formam um só fenômeno (no sentido fenomenológico).

Quanto *à estrutura* do discurso, os autores nos mostram uma certa unidade na diversidade. Existe um consenso no que se refere ao valor, à necessidade, à possibilidade, à extensão da educação, mas isso não impede os autores de discordarem quanto à função, aos objetivos e ao próprio conceito de Educação Permanente. O discurso se prolonga num projeto de educação cujo objetivo é a *globalização* do ato educativo. Com efeito a Educação Permanente se vê projeto pelo qual se trata de unificar, centralizar, coordenar, sistematizar, integrar, rentabilizar, estruturar, ordenar, enfim, repensar a educação na sua totalidade. Esse projeto é caracterizado pela sua pretensão de racionalizar a educação e todas as possibilidades de aprender no espaço e no tempo, tarefa que é hoje facilitada pelo progresso da técnica e da ciência.

Paralelamente, mas em estreita convergência com o discurso, a Educação Permanente se manifesta como uma realidade enraizada no contexto atual, na "realidade" histórica que ela utiliza como *argumentação*. A Educação Permanente é exigida seja por "razões" existenciais, psicológicas, biológicas, seja por "razões" puramente econômicas, políticas, demográficas ou ecológicas. As primeiras tendem para o desenvolvimento do indivíduo, oferecendo-lhes os meios de afrontar ao que a modernidade lhe apresenta de desagradável e enfadonho. As segundas tendem (projeção) à democratização da sociedade, oferecendo soluções para os desafios encontrados no mundo moderno e a uma maior igualdade de oportunidades. A Educação Permanente manifesta-se através de medidas, investimentos, leis, estruturas, instituições, estratégias, programas, métodos, toda uma ação visando transformar o atual sistema de ensino e adaptar os indivíduos à *mudança* provocada pela técnica e pela ciência e o modo industrial de produção. Existe uma articulação manifesta entre a ação, o movimento da Educação Permanente e o seu projeto de inovação educativa. O fenômeno é ao mesmo tempo produto e fator do discurso, da mesma forma que a ação é alimentada pelo projeto e vice-versa.

***

— Face a esse quadro, qual é a *tarefa da Filosofia da Educação?*

Afirmamos no início, na exposição das nossas questões, que, se a filosofia tem qualquer coisa a dizer de essencial, ela deveria pronunciar-se sobre a prática da educação, a partir da prática, a partir da análise das orientações, das intenções, das leis, dos projetos da educação de hoje e daquela projetada para amanhã. A Educação Permanente abre uma grande possibilidade à reflexão filosófica, enquanto *desafio de interpretação*, enquanto ideologia, enquanto visão do mundo. A filosofia deve considerar, então, a Educação Permanente não apenas nas suas manifestações isoladas, fragmentadas, mas, sobretudo, no seu conjunto, enquanto fenômeno global e, mais precisamente, enquanto fenômeno que aponta mais longe, isto é, como "fenômeno-indicador" na expressão de Heidegger.

| | | | |
|---|---|---|---|
| *Consenso* referente a valor, necessidade, possibilidade e extensão da educação. Exigência urgente de repensar a educação atual no seu todo, sublinhando o seu papel decisivo na sociedade atual. | *Diversidade* quanto ao conceito de Educação Permanente, seus objetivos, funções, suporte institucional, segundo os lugares e a apreciação do contexto, as motivações e expectativas. | "Razões" ou "causas" de ordem econômica, política, demográfica, ecológica, científica e técnica que tendem à *democratização* da sociedade: fundamento da Educação Permanente num "princípio de realidade". | "Razões" ou "causas" existenciais, psíquicas, biológicas que tendem para o *desenvolvimento* do indivíduo fundamento da Educação Permanente num "processo de ser". |
| CONTINENTE | CONTEÚDO | SOCIEDADE | INDIVÍDUO |

↑  ↑  ↑  ↑

| ESTRUTURA | ARGUMENTAÇÃO |
|---|---|

| DISCURSO | ←→ | FENÔMENO |
|---|---|---|

## EDUCAÇÃO PERMANENTE

Quadro sinótico

| PROJETO | ←→ | AÇÃO |
|---|---|---|

| OBJETIVOS | RAÍZES |
|---|---|

↓  ↓

| *Princípio* de unificação, centralização, coordenação, sistematização, integração, rentabilização, estruturação e ordenação de todas as possibilidades de aprender, no espaço e no tempo: todo homem e o homem todo deve aprender. Em consequência: adaptação dos sistemas atuais de ensino e planificação da educação a longo prazo (utopia). | Processo em andamento, realidade observável, *movimento* de adaptação à mudança – provocado pela técnica e pela ciência e pelo modo industrial de produção – que implica medidas concretas, investimentos, leis, estruturas, instituições, despesas, programas, métodos, meios, estratégias, oferta e procura, redes educacionais etc. (realismo). |
|---|---|

Notemos ainda, no final desta primeira etapa, que uma tensão cada vez mais forte foi se formando à medida que avançamos na análise dos textos e documentos da Educação Permanente. Houve momentos em que foi difícil evitar a discussão e a polêmica com esses textos, foi difícil evitar um relacionamento mais apaixonado.

Na medida em que uma escuta, uma atenção para com os textos revela-se difícil, a necessidade de uma relação mais vigorosa aumentava. *A escuta não é suficiente.* É preciso uma relação apaixonada, é preciso efetuar aquilo que Ricoeur chama de "travessia" de um texto.

_____ Segunda parte

# HERMENÊUTICA DA EDUCAÇÃO PERMANENTE

# Capítulo I

## A Educação Permanente como ideologia: primeira abordagem

Até aqui tentamos entrar em contato, pouco a pouco, com a Educação Permanente. Na medida em que uma leitura "a distância" e, ao mesmo tempo, "por dentro" é possível, tivemos a pretensão de deixar falar um discurso, de deixar um fenômeno se manifestar, julgando que esta seria a tarefa de uma leitura fundamentalista, isto é, uma leitura que apreendesse o seu objeto sob o fundamento da aparência. Nesta parte, porém, guiados por outro tipo de preocupação, devemos mudar nossa relação com esse mesmo objeto, encará-lo de maneira diferente: devemos interrogá-lo num outro nível; ao mesmo tempo em que nos "pronunciamos" sobre ele, devemos decifrá-lo e interpretá-lo. Essa tarefa já é essencialmente *hermenêutica*.

Chamamos essa segunda etapa de "momento da suspeita". Ela é um "momento". Queremos indicar com isso tratar-se apenas de um primeiro ato. Não permaneceremos nele. Efetivamente, suspeitar

125

não é suficiente, mas é indispensável, como parte de um caminho a percorrer até uma explicitação (interpretação) que tenha outros interesses, como a questão do ser humano, isto é, uma explicitação que chamaremos de fundamental.

– O que entendemos por "suspeita"?

Introduzimos a noção de "suspeita" neste trabalho primeiramente para mostrar nossa *atitude*, nosso tipo de relação com o objeto de estudo, nosso modo de colocar questões ao fenômeno estudado. Em segundo lugar, a suspeita é também um tipo de leitura, uma metodologia ligada a uma concepção da filosofia como a tem praticado os "mestres da suspeita": Marx, Freud, Nietzsche, Heidegger e outros. O primeiro ato de um leitor que leve em conta a suspeita é o de recusar a Educação Permanente enquanto discurso fenomenológico, isto é, enquanto discurso verdadeiro. O fenomenólogo deve considerá-lo "fenômeno-indicador", isto é, discurso que dissimula o fenômeno, discurso distorcido, discurso ideológico. Marx diria: "existem ainda coisas escondidas", como Freud diria: "por outro lado, há coisas ignoradas".

Assim, nosso estudo da Educação Permanente deve "ir mais longe", deve colocar em evidência o que a Educação Permanente esconde, distorce ou recalca. Existe notadamente uma explicitação psicanalítica e uma explicitação das ideologias a ser feita. Nossa escolha, de proceder apenas à explicitação das ideologias, justifica-se pela natureza própria da nossa leitura fundamentalista e pelo tipo de interrogação (a questão da educação) que a precedeu. Em busca da explicitação da questão da educação, uma explicitação das ideologias impõe-se.

Portanto o primeiro problema que devemos enfrentar, nesta parte, será o de entender o que significa "ideologia".

# 1 A visão clássica da ideologia

A multiplicidade de acepções de "ideologia" torna difícil uma abordagem objetiva. A única maneira de estabelecer um conceito de ideologia que não deixa a porta aberta para a vacuidade e a generalidade é aceitar uma definição funcional. Para esse estudo, a concepção clássica ou "tradicional" de ideologia, tal qual se encontra na obra de Marx, num primeiro momento, será mais operacional do que a sua concepção moderna, como é encontrada nas obras de Habermas, por exemplo.

De uma maneira geral, pode-se encontrar três acepções da palavra ideologia: uma acepção *pejorativa* segundo a qual a ideologia é sempre uma ideia falsa, a justificação de interesses, de paixões; uma acepção *neutra*, segundo a qual a ideologia seria uma interpretação mais ou menos coerente de uma realidade social e política; e uma *acepção instrumental*, determinada, arbitrariamente ou não, e definida por razões operacionais, dentro de um contexto preciso. A primeira acepção é muito polêmica para poder servir de instrumento de análise do discurso sobre a educação. O segundo sentido, o sentido neutro, não pode nos servir em razão de suas fronteiras muito imprecisas. Neste sentido, qualquer discurso filosófico poderia ser chamado de discurso ideológico. Desta forma, queremos nos afastar dessas duas acepções para estabelecermos uma acepção mais instrumental.

Partamos de Marx e de Engels porque foram eles que iniciaram, propriamente, a discussão em torno da questão. Além do mais, eles abordam um ponto que tem relação com a sequência do nosso estudo, isto é, a *produção das ideias*. Para Marx, os homens começam a se diferenciar dos animais no momento em que iniciam a produção dos meios materiais de subsistência. Ora, a produção das ideias, segundo Marx e Engels, está diretamente ligada à atividade material e ao comércio material dos homens; "os homens são os produtores de

## 128 A EDUCAÇÃO CONTRA A EDUCAÇÃO

suas representações, de suas ideias etc., e, com efeito, os homens são condicionados pelo modo de produção de sua vida material, por seu intercâmbio material e seu desenvolvimento ulterior na estrutura social e política, mas os homens reais e ativos, tal como se acham condicionados por um determinado desenvolvimento de suas forças produtivas e pelo intercâmbio que a ele corresponde até chegar às suas formações mais amplas. A consciência jamais pode ser outra coisa do que o ser consciente, e o ser dos homens é o seu processo de vida real" (Marx; Engels, 1975, p. 50-51). Marx recusa-se a aceitar a visão hegeliana do homem, como se este existisse numa "câmara escura", isto é, a partir daquilo que os homens dizem e imaginam a respeito de si mesmos para só então considerar os homens em carne e osso: "não é a consciência que determina a vida, mas a vida que determina a consciência" (Marx; Engels, 1975, p. 51). As ideias não têm uma evolução ou uma história autônoma, porque elas são produzidas não por "homens isolados e imóveis, mas em seu processo de desenvolvimento real, em condições determinadas, empiricamente visíveis" (Marx; Engels, 1975, p. 52).

Existe um outro elemento importante na obra de Marx e Engels que pode nos ajudar a encontrar uma definição operacional de ideologia: a relação entre a *ciência dominante* de uma época e a classe dominante economicamente. "A classe que é a força *material* dominante da sociedade é, ao mesmo tempo, sua força *espiritual* dominante, afirmam eles. A classe que tem à sua disposição os meios de produção material dispõe, ao mesmo tempo, dos meios de produção espiritual... As ideias dominantes nada mais são do que a expressão ideal das relações materiais dominantes, as relações materiais dominantes concebidas como ideias; portanto, a expressão das relações que tornam uma classe, a classe dominante; portanto, as ideias da sua dominação" (Marx; Engels, 1975, p. 87). A classe dominante economicamente tem igualmente uma consciência, um pensamento. Ao mesmo tempo em que ela impõe seu modo de produção e suas relações de produção de bens materiais, ela fica atenta para manter esse poder através da estruturação de seu pensamento que legitima sua dominação. A ideologia, segundo Marx, está ligada à produção material e à dominação.

Para Marx, a classe dominante compõe-se de duas categorias de indivíduos, de acordo com a divisão do trabalho espiritual e material: "uma parte aparece com os pensadores desta classe (seus ideólogos ativos, conceptivos, que fazem da formação de ilusões desta classe a respeito de si mesma seu modo principal de subsistência), enquanto os outros relacionam-se com estas ideias e ilusões de maneira passiva e receptiva, pois são, na realidade, os membros ativos desta classe e têm pouco tempo para produzir ideias e ilusões acerca de si próprios" (Marx; Engels, 1975, p. 88). Numa *carta circular* citada por Maximilien Rubel (1970, v.2, p. 94), Marx identifica esses *ideólogos* ativos com os pseudocientistas que, em lugar de estudar com seriedade as ciências, preferem arranjá-las para fazê-las concordar com as opiniões que aprenderam, "fabricando-se sem cerimônias uma ciência privada e ostentando também a pretensão de ensiná-la a outros".

— Em que consiste então, para Marx e Engels, a *ideologia*?

Essa questão não encontra resposta satisfatória na *Ideologia Alemã*. É numa carta de Engels que achamos uma formulação mais completa. "A ideologia, afirma ele, é, de fato, um processo realizado conscientemente pelo assim chamado pensador, mas com uma consciência falsa. As verdadeiras forças motrizes que impulsionam esse processo permanecem desconhecidas para o pensador; de outro modo, tal processo não seria ideológico. O pensador imagina, portanto, forças propulsoras falsas ou aparentes. Por ser um processo intelectual, deduz seu conteúdo e sua forma do pensamento puro, quer seja do seu próprio pensamento ou do pensamento de seus predecessores. Trabalha exclusivamente com materiais intelectuais, que aceita de imediato, como criação do pensamento, sem submetê-los a outro processo de investigação, sem procurar outra fonte mais longínqua e independente do pensamento. Este modo de proceder é, para ele, evidente, já que toda ação humana, sendo realidade *por intermédio do pensamento*, aparece-lhe, em última instância, como sendo fundada igualmente no próprio pensamento" (Marx; Engels, 1977, p. 42-43). Engels, desta forma, alerta para o fato de que todo pensamento tem suas *raízes*, um contexto, e que uma ideologia é, fundamentalmente, um pensamento desenraizado, uma redução do próprio pensamento e da história. Separar o pensamento da *história* desse mesmo pensamento é um processo ideológico.

Mas a *Carta* de Engels vai mais longe. Na concepção de ideologia aí apresentada, 1893, não aponta apenas para a questão da "consciência falsa" do *soi-disant* pensador, mas sublinha igualmente o aspecto "independência" reivindicado pela ideologia. Quer dizer que a ideologia é um pensamento estruturado com uma lógica e um rigor próprios, apresentando-se como um *sistema de ideias* ou de *representações*. Esse sistema pode apresentar-se na forma de um mito, de uma religião ou de uma filosofia. Essas "fantasmagorias", como as chama Marx, se apresentariam como um conjunto de ideias, submetidas às suas próprias leis e pretendendo uma vida independente de seu contexto.

A ideologia é então uma concepção falsa da história, fruto de um conhecimento distorcido, desnaturado, deformado, que serve para ocultar o projeto social de dominação da classe que detém o poder. Ela é *expressão ideal* e a representação dos interesses de um grupo econômico, interessado em *dissimular* a história em sua própria contagem, criando sua ciência e seu pensamento. Mostrar que um pensamento é ideológico equivale a desvelar o erro, a ignorância e desmascarar a mentira.

– Por que não chamar a ideologia simplesmente de uma *falsa visão do mundo?*

Certamente, a concepção de ideologia, no sentido que estamos lhe dando, significa uma falsa visão do mundo, uma visão distorcida do real. Mantemos, porém, a distinção entre ideologia e visão do mundo não apenas formalmente, como pode parecer, mas concretamente, para separar um discurso nitidamente voltado para a prática da ocultação, portanto um discurso fechado, e um discurso que pretende abrir a discussão sobre o mundo, não fechá-lo. Um discurso ideológico também pretende ser totalizante, só que suas intenções primeiras não são as manifestas. Hoje, por exemplo, para justificar a manutenção da sociedade burguesa, a ideologia burguesa procura notadamente "razões" científicas, técnicas, econômicas, sociais, segundo sua maior conveniência, dizendo que esta sociedade é "natural" ou necessária (fatalidade) e irreversível. Por outro lado, quando falamos em "visão do mundo", entendemos que esta abre um debate sobre o homem e a sociedade enquanto projeto, isto é, enquanto possibilidade humana, possibilidade de ser humano tornar-se mais humano. A ideologia fecha o diálogo sobre o humano, cristalizando-se em um momento dado da história, enquanto uma visão do mundo, no sentido que queremos dar a essa expressão, abre o diálogo para o reinstaurar continuamente.

Em resumo, podemos agora reunir esses elementos num quadro geral e definir a *ideologia* como um sistema de ideias ou de representações logicamente estruturadas que exprime uma falsa interpretação da história. Podemos chamar de "ideológico" todo discurso que se apresenta como uma interpretação do mundo e cujos componentes essenciais mascaram a intenção real, seja ela de origem social, econômica, política ou outra.

Esse conceito operacional de ideologia, definido a partir de Marx e Engels, deve nos servir de quadro teórico para operar a "travessia",

**132** A EDUCAÇÃO CONTRA A EDUCAÇÃO

ultrapassando a aparência para se chegar ao verdadeiro projeto da Educação Permanente.

## 2 A Educação Permanente como ideologia: primeira abordagem

– O que a Educação Permanente tenta nos esconder?

Aqui uma análise do tipo marxista pode servir de instrumento da reflexão crítica. O marxismo nos chama a atenção particularmente para o problema da ideologia, da produção do saber, da produção das ideias, para o papel das ideias na história. Se pudermos mostrar que o "projeto" da Educação Permanente não passa de uma projeção da educação, de uma ideologia, nossa suspeita, enquanto instrumento metodológico, terá cumprido suas promessas. Retomemos então a análise do discurso que nos "faz ver" a Educação Permanente.

### Educação Permanente: dissimulação das desigualdades

Um primeiro nível de *dissimulação* já se encontra nos objetivos assinalados à Educação Permanente. O objetivo enunciado pela Educação Permanente é de tornar os estoques do saber atual acessíveis a todos aqueles que deles tiverem necessidade, durante a vida inteira. A questão que surge é saber se é bem esse o objetivo de uma educação ou de uma formação e se é verdade que todos estão em condição de saber do que precisam realmente, e se aquilo que dizem ter necessidade corresponde exatamente àquilo de que precisam para sua promoção social e individual.

Numa sociedade onde as *necessidades* são mais e mais criadas por uma máquina de propaganda e por um sistema de constante relance do consumo de bens, quem decide se temos necessidade de conhecimentos novos? Numa sociedade de consumo acelerado, autodeterminação dos fins da aprendizagem não é possível. Não podemos ver, portanto, como a Educação Permanente, evitando a questão da sociedade, possa cumprir suas promessas.

Qual será a utilização das *novas qualificações* adquiridas pelos trabalhadores senão a de servir à sociedade industrial capitalista e ao consumo acelerado? A imensa maioria dos indivíduos está hoje submetida a um trabalho do qual eles não conhecem os fins. Eles não podem dizer uma palavra sequer sobre os fins do que eles produzem e muito menos sobre a divisão do trabalho e a divisão dos bens que produzem. Foi-lhes destinado um lugar. Qualificações novas? Sim. Sob a condição de que sejam aquelas preestabelecidas pela máquina econômica. É por isso que, ao menos para os trabalhadores, a Educação Permanente esconde seu *objetivo real*, o de proporcionar um excedente de formação profissional para torná-los *mais rentáveis* e *mais bem adaptados* às novas exigências das mudanças tecnológicas do desenvolvimento econômico e industrial. Na empresa capitalista, os objetivos da Educação Permanente deveriam colocar, antes de mais nada, a questão das relações de produção e o processo de trabalho. Da outra forma, esses objetivos não seriam decididos pelos trabalhadores em função de suas necessidades reais, mas, ao contrário, já seriam escolhidos pela empresa.

A Educação Permanente foi introduzida em diversos países, como a França e os Estados Unidos, para reciclar os trabalhadores, com o objetivo de estabelecer uma certa *hierarquização* da força de trabalho. Este "suplemento de formação" torna possível o acesso a um lugar melhor na hierarquia do mundo do trabalho. Esta oferta suplementar de educação é proveitosa certamente para aqueles que têm bom êxito nos estágios. E o que se obtém é contrário à declarada "igualdade de oportunidades", pois essa formação aumenta a defasagem entre os desfavorecidos e os favorecidos, em virtude da herança cultural e da posição. A oferta de uma "segunda oportunidade" não somente

**134** A EDUCAÇÃO CONTRA A EDUCAÇÃO

serve para mascarar os verdadeiros objetivos como ainda obstaculiza a ascensão social: enquanto o número de vagas no seu trabalho continua o mesmo, o trabalhador que aí se encontra deve agora enfrentar a concorrência dos outros que se "formam", considerados, tão logo, como perigosos adversários. Como observa Henri Hartung: "engajado nesta luta, cada pessoa perde de vista o sentido profundo de seu destino, pois ela não pode mesmo consagrar parte do seu tempo se interrogando com seriedade sobre o que é para um a sobrevivência e para o outro sua carreira e seu lucro. E o círculo vicioso é reforçado: ausência de vida pessoal, oposições entre os indivíduos, agitação produtivista, culto da rentabilidade, exploração e iniquidades, o absurdo de um ativismo frequentemente incompreensível" (Hartung, 1972, p. 1-2). Com a Educação Permanente surge um novo *aparelho de desintegração da força de trabalho* a serviço da sociedade capitalista avançada.

Há um segundo nível de dissimulação: a *dependência* da educação do sistema social. Afirmando seu poder na solução dos problemas ligados às deficiências sociais, a Educação Permanente "esquece-se" que essas deficiências são fruto da divisão da sociedade em classes antagônicas. A afirmação da autonomia da educação é, pois, aparente: em lugar de servir ao corpo social, a Educação Permanente depende estreitamente dos objetivos fixados pela cultura burguesa da dominação à qual ela deve servir. Essa cultura é que deve ser posta em questão (pois é uma cultura que visa formar privilegiados), e não a sua repartição com igualdade de oportunidades, o que é um paradoxo. A Educação Permanente não escapa a essa cultura, mesmo que ela tente evitar o assunto. A *desigualdade social* determina a desigualdade escolar e a desigualdade escolar reforça a desigualdade social.[19]

---

[19] Segundo o jornal *Le monde de L'Education*, em um artigo consagrado à Educação Permanente e assinado por Ivan Illich e Etienne Verne, de janeiro de 1975 (p. 11),

Escondendo essa dependência em relação ao sistema social, a Educação Permanente nos esconde também a sua *impotência*. Ela não pode, por isso, cumprir suas promessas, cria entre os trabalhadores a esperança e a crença em uma formação que deveria favorecer sua promoção social individual, mas que tem por finalidade a produtividade e a acumulação capitalista ilimitada. Eles esperam que seus filhos, apesar da injustiça social atual, viverão amanhã melhor do que eles vivem hoje. A Educação Permanente prolonga assim o mito da educação, sustentando que a formação é um pressuposto da ação e que é suficiente um "suplemento de educação" para mudar a ordem das coisas. Não será essa uma forma de infantilizar a idade adulta? Não será essa uma forma de conter os homens e mulheres a meio caminho de suas reais possibilidades? Como observa Jean-Marie Domenach, "o mito terrificante que reduziria os seres humanos durante toda sua vida à condição de menores, em estado de dependência e de frustração eterna em relação a um mandamento, a um trabalho e uma disciplina cujo sentido lhe escapa, levado por uma mudança sem finalidade e sem freios, surge com a educação 'interminável'".[20] O que é triste e temeroso não é que ela seja "interminável", mas que essa educação "interminável" não eduque nada, ao contrário, mutile e desvie as pessoas do essencial.

O essencial escapa à Educação Permanente: o mais importante não é aumentar a quantidade de informações. Por outro lado, uma ação cultural e pedagógica deve esforçar-se para não cair no pessimismo e na ilusão contrários: a esterilidade dos pedagogos que se ajunta a esta fatalidade social. A educação por ela mesma não

em 1972 na França, dados sobre oito milhões e seiscentos mil assalariados mostraram que 850 mil (10%) dentre eles frequentaram cursos de formação continuada. Todavia, isso só representava 6% dos trabalhadores contra 24% dos altos escalões das empresas.

[20] Revista *Esprit*, out./1974, p. 575.

fornece nenhuma garantia de liberdade, mas se não podemos esperar dela a salvação, existe ao menos a possibilidade de, no seu interior, procurar despertar as pessoas para o essencial, para a tomada de seu destino em suas mãos.

Um ataque de febre que se manifesta através do rubor das faces não significa apenas que elas enrubescem porque o corpo está febricitante. O rubor das faces anuncia e indica, através dessa "dissimulação" da febre, uma outra coisa: um distúrbio do organismo. O distúrbio que a Educação Permanente indica pela "febre da instrução" é uma luta ideológica. O modo industrial de produção, a sociedade industrial e especialmente a sociedade industrial capitalista está doente após dois séculos de crescimento, de juventude, de força. A Educação Permanente quer oferecer-se como remédio ao sofrimento intestinal dessa sociedade.

## Educação Permanente: uma nova religião?

Vimos que existe no discurso da Educação Permanente uma crença manifesta na primazia da mudança e na necessidade de se preparar para ela constantemente através de uma formação continuada. Os pedagogistas de todos os tempos, frequentemente, reclamaram uma educação mais adaptada à sociedade, ao progresso, à evolução. O que é novo no discurso da Educação Permanente hoje é a passagem que ela efetua entre o *fato* da mudança, do progresso e do crescimento e a *lei* da mudança, do progresso e do crescimento, o *culto* da mudança.

A tarefa que nos propomos aqui é explicar melhor, traduzir de outra maneira, esse pressuposto histórico-social, mostrar como implica também o presente e o futuro, nos quais a ideia de progresso, de bem-estar material, de crescimento econômico, cria a ilusão de um mundo melhor e a Educação Permanente, veiculando essa ideia, torna-se análoga à *religião* com suas leis, cultos e dogmas. Isso quer dizer que o caráter de modernidade, de racionalidade, de utilidade, de realismo, que a mudança fornece ao discurso e às estratégias propostas pela Educação Permanente, de fato, servem apenas para mascarar a continuidâde e o mito.

O saber não podendo mais ser adquirido de uma vez por todas nos obriga a uma reciclagem permanente: tal é o argumento da Educação Permanente, resposta ao aumento e à obsolescência dos conhecimentos. A informação, os conhecimentos, mudam rapidamente, limitando as possibilidades da escola de dar uma instrução acabada. Deste *fato*, os promotores da Educação Permanente deduzem a *obrigação* de uma formação interminável. Desde que tudo muda, a educação *deve* também mudar.

Nesse sentido a mudança em educação decorre apenas da mudança no aumento exponencial dos meios e das estratégias de formação. Não há mudança quanto à finalidade da educação. Sacrifica-se assim à *continuidade* a possibilidade de operar uma verdadeira mudança, uma mudança qualitativa. Esse "fenômeno" é longamente analisado por Claude Pantillon num estudo sobre a "temática" da mudança na formação de adultos e da Educação Permanente onde ele conclui que "a ideia da mudança conduz a uma *imobilidade profunda* e essencial. Ela exclui assim, afirma ele, toda possibilidade de uma mudança radical, eliminada em proveito de múltiplas mudanças, mas parciais, simplesmente quantitativas, acomodadas à própria evolução da educação. Em geral, a temática da mudança no discurso da Educação Permanente e da educação de adultos continua profundamente conservadora quanto à sua natureza fiel às tradições das sociedades industriais" (Pantillon, 1973, p. 10). Sob a palavra "mudança" essas sociedades escondem a continuidade de uma "ordem social" em que pesa muito a concorrência econômica e a injustiça das relações de produção; sob a máscara da mudança, da lei da mudança, se efetuam

138  A EDUCAÇÃO CONTRA A EDUCAÇÃO

decisões quanto à interpretação do passado e do futuro da nossa sociedade, decisões destinadas a assegurar a perenidade das sociedades industriais, ditas "modernas" ou "em mudança", seus interesses econômicos, que são os interesses de uma minoria.

É verdade que se, de um lado, as sociedades industriais, com ou sem razão, introduziram certas mudanças, existem, contudo, certas tradições, certos comportamentos, certas estruturas, ligadas notadamente às relações dos seres humanos na sociedade que jamais variaram ou que evoluem muito lentamente. Por outro lado, de tanto se falar em mudança, de tanto cantar a sua grandeza, a sua beleza, sua dimensão profundamente humana, todos acabam por acreditar nela. A imprensa, o rádio, a televisão, em lugar de estimular, de sensibilizar o público para a busca consciente e crítica de um futuro mais humano, ao mesmo tempo que ficam, em sua grande maioria, ao nível do senso comum, criam e suscitam novas necessidades que não são outras a não ser aquelas ligadas à rentabilidade da indústria e do comércio. E os pedagogos, os sociólogos, os psicólogos fazem geralmente o mesmo. Não é estranho, pergunta Claude Pantillon (1973, p. 16), que os psicólogos e os sociólogos piedosamente objetivos tenham entoado o santo cântico da mudança como medida do homem, justamente no momento em que se criou a necessidade da mudança?

À lei da mudança é preciso acrescentar o *culto da mudança*. A primeira abre o caminho para a acomodação a um projeto de futuro da sociedade; o segundo reforça essa acomodação pela contemplação, pelo mito. Como afrontar de outra maneira o problema da educação no mundo em aceleração? "Quanto mais as coisas vão depressa, mais é preciso ficar calmo", dizia Gaston Berger[21] (um defensor da formação continuada). Calmo no interior, enquanto tudo se agita lá fora? Esse *dentro* e esse *fora*, por acaso, não são uma dicotomia,

---

[21] *Encyclopédie française*, Seção D, Capítulo III. Paris: Livraria Larousse, t. 20, pt. 3, 1959.

pura e simplesmente, quando na realidade é impossível separá-los? De qualquer forma é o indivíduo isolado, o *cogito*, que a Educação Permanente visa construir.

Infelizmente esse culto é também sinônimo de *alienação*, de fuga do mundo, forma para a evasão, a recusa de afrontamento da situação. A velocidade nos distancia da realidade. Tomado pela velocidade, o "homem da mudança" não chega a ver as coisas e a si mesmo. Torna-se estrangeiro no seu próprio país que é ele mesmo. O homem "preparado para a mudança", na expressão frequentemente encontrada nos documentos, não teria a possibilidade de ver um conjunto de coisas, um mundo. Não se pode mais falar de um mundo quando as coisas não aparecem em conjunto, mas fragmentadas. E, se não se pode mais falar de um mundo, não se pode, igualmente, falar em cultura.

Na velocidade não existem raízes, nem equilíbrio, nem igualdade, nem mesmo mudança. Paradoxalmente, a mudança contínua implica a continuidade, a continuidade dos seres sem rosto, das coisas sem forma, do discurso incolor. Esta *fuga* para a frente tem também suas consequências na educação que cria mito e ilusão: "aquilo que você não possuir hoje, poderás possuí-lo amanhã desde que tu corras mais depressa do que hoje". Aquilo que não conseguiram dar a você através da educação fundamental (quando a conseguiu), vão dá-lo graças a uma formação contínua. E se isso também não é suficiente, é preciso que continue a frequentar a escola até o último dos seus dias!

O homem "preparado para a mudança" – o homem educado, segundo os objetivos enunciados pelos promotores da Educação Permanente – é também um homem esmigalhado, um homem em fragmento: tudo que ele pode ver são apenas migalhas que se deslocam depressa diante dos seus olhos. Sua unidade, sua identidade, perde-se facilmente entre as numerosas especializações. Para esse homem não existem propriamente questões humanas. Existirá, para ele, apenas a questão específica, o problema específico. E de tanto distanciar-se no *deserto da especialização*, não conseguirá, facilmente, encontrar o caminho de volta para si. Isso tudo parecerá "poético": não apenas o discurso, mas a própria experiência nos tem demonstrado tratar-se de realidade. Esse é um "esquecimento" grave da Educação Permanente.

E se considerarmos que esse "esquecimento", referente ao homem e ao humano – a *realidade humana* –, tem por finalidade legitimar a manipulação; se ajuntarmos que essa manipulação visa excluir a população dos benefícios do progresso da ciência e da técnica, podemos dizer, como disse Marx em relação à religião, que a Educação Permanente é um "ópio", um *ópio dos trabalhadores*. O culto da mudança e da velocidade é apenas uma parcela desta *nova religião* sacralizada pela técnica e pela ciência. Em breve poderemos assistir à deificação da educação – remédio para a mudança e para os males da vida – à qual os "intelectuais" se apressarão em render-lhe homenagem.

Na mitologia grega, encontramos frequentemente – o caso, por exemplo, da cena inicial da peça *Édipo Rei* – um homem que se apresenta diante dos deuses e dos homens, na nudez da sua condição, para suplicar, para pedir justiça. São reunidas todas as condições para escutá-lo. Deuses e homens, todos podem vê-lo por inteiro, escutá-lo no silêncio, a distância, na tranquilidade. Aí não existe o *especialista da justiça*, não existem problemas especializados para especialistas resolverem. É o homem, a condição humana, que está em questão.

Na realidade o rito da súplica grega não desapareceu em nossos dias. Ele existe e é representado todos os dias por aqueles que, na nudez de sua condição, apelam por justiça. Podemos vê-los e podemos escutá-los. Eles estão "aqui" e sua presença incomoda. Eles estão tanto em Bangladesh quanto nos Estados Unidos, tanto na Europa quanto na África. Os suplicantes não mudaram. Mudaram, porém, os deuses e os homens. O olhar dos deuses e dos homens mudou. Porque eles não podem mais ver nem ouvir. Eles *profissionalizaram o olhar* e cada um procura ver no suplicante a sua especialidade, e não a condição humana. Martin Buber diria: "que inferno de fantasmas sem rosto!" (Buber, 1959).

Essa imagem mítica aplica-se com exatidão à nova religião que chamamos Educação Permanente. Os especialistas são os ministros do culto, guiados pelo "espírito" científico e conferindo o sacramento da educação em doses planetárias!

Sem nos delongar muito, assinalamos ainda dois outros lugares-comuns da Educação Permanente transformados em *dogmas*: a "igualdade de oportunidades" e o "desenvolvimento das potencialidades".

A expressão "igualdade de oportunidades" supõe a existência de uma corrida em direção a um objetivo. Se todos pudessem a ele ter acesso não existiria necessidade de uma política de democratização das oportunidades. *Igualdade de oportunidades* para chegar a se formar não significa necessariamente igualdade de acesso, de aprovação. A noção de "igualdade de oportunidades" supõe a concorrência. Significa que ela garante, de fato, o direito do mais forte, do mais informado, daquele que tem maiores "méritos". Ainda cria a ilusão da "chance" para todos os participantes, garantido ao primeiro o sucesso. Mas, para a maioria dos concorrentes, a igualdade de oportunidades é apenas uma *armadilha* preparada para dar uma *aparência de democratização* à dominação.

Poderão os leitores nos objetar que o acesso aos estudos é uma maneira de democratizar a sociedade. Com efeito, em certos países da Europa Ocidental e na América do Norte, por exemplo, a expansão rápida do ensino e, em particular, do ensino superior criou um certo desequilíbrio no mercado de trabalho em favor dos que não tinham nenhuma formação especializada. A oferta de pessoal altamente qualificado é excedente em relação à demanda. Resulta daí um certo "desemprego de diplomados". Contudo é preciso acrescentar que não

142 A EDUCAÇÃO CONTRA A EDUCAÇÃO

existe propriamente um "desemprego de diplomados", pois todos acabam por aceitar um trabalho, que consideram provavelmente abaixo de suas esperanças de remuneração ou de seu *status* social. Esse desequilíbrio, por outro lado, desencoraja atualmente os jovens desses países a entrar na universidade.

Esse fenômeno, contudo, não exerce um papel decisivo na questão das desigualdades socioeconômicas, pois não implica o desaparecimento da desigualdade que está na sua raiz. Também não foi demonstrado ainda que o "sucesso escolar" tenha importância decisiva no próprio "sucesso social". A desigualdade de oportunidade de formação é uma consequência direta da desigualdade socioeconômica: se não forem abolidas as estruturas hierarquizadas dos salários e dos *status* sociais, não se pode falar de igualdade de oportunidades na escola.

Da mesma forma, a noção de desenvolvimento das potencialidades é enganosa, porque serve apenas para justificar o esforço pessoal. Entre os operários, em particular, o pretenso desenvolvimento das potencialidades exerce um papel de verdadeiro ópio. Eles acabam acreditando que seus filhos viverão melhor amanhã se hoje sacrificarem sua vida para permitir uma formação que eles não tiveram. Daí os esforços (quase uma resignação religiosa) e o sofrimento silencioso de grande parte desses operários, o sacrifício de seu bem-estar, para dar a seus filhos melhores condições de "sucesso". Daí a crença, no meio operário, que a igualdade de oportunidades na educação existe mesmo e que basta ter vontade para "vencer" os obstáculos, basta desenvolver todas as potencialidades.

A fé na educação, o seu culto, a sua sacralização são mais fortes entre os *desfavorecidos* educacionalmente (os profanos!). Assim, são frequentemente os desfavorecidos que reclamam essa educação, a defendem mais energicamente e exigem o fortalecimento e a extensão dos sistemas educacionais, bem como a quantidade, o rendimento, as notas etc. E os exemplos não faltam para nos convencer:

quantos filhos que saíram da classe mais pobre são os "primeiros" na escola! O esforço pessoal; para eles, parece que tudo se decide aí. Na verdade estão sendo manipulados. Essa crença os impede de tomar consciência de que a libertação e o desenvolvimento de suas individualidades não é fruto da promoção individual proposta por esse tipo de educação. A educação também pode transformar-se em "remédio" da sociedade opressiva e, em muitos casos, num verdadeiro sonífero administrado para fazer esquecer a *desigualdade inicial e a injustiça*.

# Capítulo II

## A Educação Permanente como ideologia: segunda abordagem

Nossa primeira abordagem é certamente insuficiente. A suspeita não pode limitar-se à explicação dos traços dominantes da dissimulação, mas deve colocar a questão da *teoria do conhecimento*, interrogar-se sobre a produção das ideias e do saber. Na primeira abordagem, nosso debate se situou notadamente ao nível sociológico, que a crítica da ideologia tal como Marx a levou a termo permitia. Nesta segunda abordagem, é preciso "ultrapassar" Marx e utilizar uma concepção de ideologia que Marx não pode nem aprofundar nem explicitar[22].

---

[22] Para fazer justiça a Marx, é preciso dizer que esta questão não escapou completamente à sua análise da sociedade capitalista da época. Pelo menos é o que se pode deduzir do enunciado seguinte, que se encontra em sua obra *A Miséria da filosofia: resposta à filosofia da miséria de M. Proudhon* (Ed. Sociales, Paris, 1947, p. 88): "adquirindo novas forças produtivas, os homens mudam seu modo de produção, e mudando o modo de produção, a maneira de ganhar sua vida, eles mudam todas as suas relações sociais. O moinho a braço vos dará a sociedade com o suserano, o moinho a vapor, a sociedade com o capitalismo industrial". Marx combate já

# 1 A visão moderna de ideologia

Para não prolongar um debate que não tem senão valor instrumental em nosso trabalho, nós nos atemos à crítica da ideologia tal como ela tem sido desenvolvida pelo herdeiro da Escola Sociológica de Frankfurt, Jürgen Habermas[23], após o trabalho de seus representantes principais: Theodor Adorno, Max Horkheimer e Herbert Marcuse.

A primeira constatação de Habermas é que há na sociedade capitalista avançada um primado da teoria do conhecimento sobre a *antropologia*. É porque o discurso, a ciência, é, nesta sociedade, a única medida de reflexão sobre o homem. Este discurso pretende que fora do método científico, fora da visão científica, não há acesso ao homem, à verdade. Habermas critica esta pretensão positivista à universalidade que consiste em aplicar o modelo das ciências exatas a todo conhecimento, fazendo deste modelo uma exigência absoluta, ignorando a especificidade das ciências humanas.

A esta teoria positivista, do conhecimento, Habermas opõe o conceito de "interesse". Cada ciência tem na sua base um interesse: o homem está interessado em... antes de ter conhecimento de... Ele critica precisamente a ideia de uma teoria pura, que considera como uma ilusão, em nome de uma teoria crítica, enraizada em uma filosofia política. Habermas não considera o saber somente como indissociável da política, mas ele o situa também no quadro mais global de uma antropologia, de uma resposta à questão do homem.

---

esta "inocência" do progresso técnico e científico, mas é Marcuse e Habermas (como Gramsci e Althusser, aliás) que desenvolveram o seu conteúdo político.

[23] Nossa exposição não pretende explorar toda a complexidade da obra de Jürgen Habermas, mas somente um aspecto que, aliás, ele mesmo considera, ainda em elaboração, "um primeiro passo na direção de uma teoria da sociedade" (*Conhecimento e interesse*, p. 31). Se de um lado esta exposição precisa nosso aparelho conceitual, de um outro ela peca necessariamente por excesso de concisão.

## Conhecimento e interesse

Para Habermas há três tipos de interesses correspondentes a três tipos de pesquisas diferentes: o interesse pela *manipulação*, que comanda as ciências *empírico-analíticas*; o interesse pela *comunicação*, que comanda as ciências histórico-hermenêuticas; e o interesse pela *emancipação*, que comanda as ciências sociais-críticas. À concepção positivista – que as ciências se fazem delas mesmas – segundo a qual a ciência é sem interesse ou que ela não tem outro interesse a não ser o conhecimento e a "objetividade", Habermas opõe "três modos de relações específicas entre as regras lógicas e metodológicas, de um lado, e os interesses que comandam o conhecimento, de outro lado. Esta é a tarefa de uma epistemologia (*Wissenschaftstheorie*) crítica, escapando da armadilha do positivismo. As ciências empírico--analíticas procedem de um interesse de conhecimento que é de ordem *técnica*, as ciências histórico-hermenêuticas de interesse *prático*; quanto às ciências cuja orientação é de natureza crítica, elas procedem deste interesse *emancipatório*" (Habermas, 1973, p. 145). Não há em consequência conhecimento "objetivo", sem interesse; não há ciência neutra.

Habermas estabelece, desta forma, uma hierarquia das ciências a partir dos interesses, e é aí que ele começa a se afastar de Marx. Marx na crítica à *Fenomenologia* de Hegel (*Manuscritos de 44*) privilegia o trabalho e, portanto, o interesse instrumental. "O homem é o resultado do seu próprio trabalho", escreve Marx. "Deste ponto de vista", contesta Habermas, "Marx tentou, ele mesmo, reconstruir o processo de formação do gênero humano no curso da história universal a partir das leis de reprodução da vida social... Uma análise precisa da primeira parte da *Ideologia Alemã* mostra que Marx não explica, propriamente, a ligação entre trabalho e interação, mas que ele reduz um destes dois momentos a outro, sob o título não específico

**148** A EDUCAÇÃO CONTRA A EDUCAÇÃO

de prática social. Em outras palavras ele faz remontar a atividade comunicativa à atividade instrumental" (Habermas, 1973, p. 209). Ora, precisamente, o caráter mais flagrante da *ideologia moderna é a redução ao campo instrumental* de todas as ciências e do saber em geral e então a redução ao campo da dominação, ao interesse pela manipulação que comanda as ciências empírico-analíticas.

A atividade instrumental (produtiva) torna-se, em Marx, o paradigma das outras atividades e dos outros modos de relação e de conhecimento. Habermas, contra Marx, estabelece a ordem inversa. Ele assinala que a ideologia moderna quer nos fazer crer justamente que a *emancipação* e a *comunicação* (libertação, segundo Marx) são uma extensão do sistema de dominação das coisas.

Devido a esta *irredutibilidade de interesses*, Habermas prende-se à irredutibilidade das ciências da natureza e das ciências da cultura. O modelo das ciências da cultura não pode ser construído sobre o modelo das ciências da natureza porque atrás destas últimas se encontra o interesse técnico da dominação e da manipulação das coisas, enquanto as primeiras são regidas por um interesse prático, *ético*, o interesse pela comunicação. De um lado, trata-se das ciências da observação e da experimentação e, de outro lado, das ciências da compreensão, da interpretação. Como nos dizia Ricoeur,[24] o interesse pela comunicação abre o espaço histórico exatamente como o interesse pela manipulação abre o espaço empírico. Em um espaço, há *objetos*, em outro, há *símbolos*, nós os integramos para restabelecer a comunicação.

Uma *crítica da ideologia* é possível a partir do espaço crítico aberto pelo interesse pela emancipação. No conceito clássico de ideologia trabalhamos com o segundo interesse. Aqui devemos trabalhar com

---

[24] Em uma exposição sobre Habermas no seminário do Centro de Filosofia da Educação, Universidade de Genebra, 11 de julho de 1974.

o terceiro interesse. O pressuposto da *hermenêutica* é que todos os pressupostos podem ser superados por uma melhor leitura dos textos, por uma melhor discussão, por uma disciplina puramente exegética (explicitativa), como o afirma Schleiermacher. Ora, a ideologia, como dizia Ricoeur, não é somente um mal-entendido. É uma ignorância, uma cegueira que supõe então uma tática de desconstrução que não é mais simplesmente uma extensão da exegese.

— Por que há ideologias?

Há ideologias porque há distorções, maus funcionamentos, disfunções, devido à interferência da *dominação*, do trabalho, do discurso. É porque há relação de "autoridade", de dominação, que o discurso humano, a comunicação humana, são "sistematicamente distorcidos". Então as disciplinas exegéticas não são suficientes e é necessária uma *crítica das ideologias*. Esta crítica, para Habermas, é a tarefa das ciências sociais-críticas.

## Racionalização-racionalidade

A crítica de Habermas aproxima-se, ao mesmo tempo, de Freud e Marx. Isto é particularmente colocado em evidência através da formulação do conceito weberiano de "racionalização", que é também a chave da compreensão do conceito de ideologia em Habermas.

Para Max Weber, a racionalização é um processo que as sociedades modernas, ao contrário das sociedades primitivas, procuram instaurar, consistindo em determinar a forma racional da técnica e da ciência em referência a um fim. Ela significa, afirma Weber, que "nós sabemos ou que nós cremos que a cada instante nós *poderíamos, desde que o quiséssemos*, nos provar que não existe em princípio nenhuma potência misteriosa e imprevisível que interfere no curso da vida; em outras palavras, que nós podemos *dominar* tudo pela *previsão*" (1959, p. 78).

Para Habermas, a racionalização é um fenômeno de "camuflagem", uma reorganização superficial de qualquer coisa que ocorre em um outro plano. O discurso tal como nós o praticamos foi *distorcido* pela violência exercida nas relações de dominação. Já em Weber, a racionalização é simplesmente a extensão do rigor racional da técnica e da ciência a todas as dimensões da vida e da sociedade, quer dizer, a "totalidade histórica" do mundo social vivido. A conclusão de Weber é que nós não vivemos mais, como nas sociedades primitivas, em um mundo encantado, mas num mundo desencantado, racionalizado.

Habermas introduz a suspeita no otimismo weberiano dizendo que a racionalização está hoje a serviço da dominação, do interesse pela manipulação, quer dizer, pela "disposição" técnica das coisas. Perdido o mundo mágico e sagrado, um novo mundo aparece e aparecem novos ídolos e novos mitos.

A dominação tradicional tem sido uma dominação política. A *dominação* das sociedades que são engajadas em um processo de "modernização" (racionalização) é legitimada através da *técnica e da ciência*. Assim, afirma Habermas, "nasce a infraestrutura de uma sociedade constrangida à modernização. Ela se estende pouco a pouco a todos os domínios da existência: às forças armadas, ao sistema escolar, aos serviços de saúde, à própria família, e termina por impor-nos tanto à cidade quanto ao campo, uma urbanização da *forma* de vida, quer dizer, de subculturas que arrastam os indivíduos a estarem prontos a todo momento para 'mudar de registro' e passar de uma relação de interação a uma atividade racional em referência a um fim" (1973, p. 33). Assim, a técnica e a ciência substituem as antigas tradições encarregadas, até o presente, de legitimar a dominação, desempenhando o papel da ideologia.

Segundo Habermas, a racionalidade da ciência e da técnica, subordinada ao interesse da dominação, não é mais uma racionalidade "pura". De fato, há dois tipos de racionalidade. Há uma racionalidade puramente tecnicista e que tem por finalidade "o aumento das forças produtivas e a extensão do poder de dispor tecnicamente das coisas" (1973, p. 24). Há uma racionalidade do domínio e do controle. Em oposição a este conceito redutor de racionalidade, há uma racionalidade que é "a extensão da comunicação isenta de dominação" (1973, p. 24). Há uma *razão tecnicista* e dominadora e uma *razão emancipadora* na comunicação. Por isso Habermas quer nos chamar a atenção para o fato de que a ciência poderia ser "pesquisa da natureza fraternal" (1973, p. 15) em lugar de ser pesquisa da dominação e da disposição das coisas.

— Como funciona a ideologia moderna? Pode-se ainda falar de ideologia?

A bem dizer, "esta nova forma de legitimação não tem mais a forma antiga da ideologia", explica Habermas. "De um lado a consciência tecnocrática é 'menos ideológica' que todas as ideologias anteriores, pois ela não tem a potência opaca de uma cegueira que se contenta em dar a ilusão de uma satisfação de interesses. De outro lado, a ideologia, hoje muito mais transparente, que domina implicitamente nos bastidores e fetichista a ciência, é mais irresistível e vai muito mais longe que as ideologias do tipo antigo porque, mascarando os problemas da prática, ela justifica não somente o interesse parcial de uma *classe determinada* à dominação e que concorrentemente reprime a necessidade parcial de emancipação *de uma outra classe*, mas ainda porque ela afeta até o interesse emancipatório da espécie em seu conjunto" (1973, p. 55).

Para Habermas, a ideologia moderna é certamente o *achatamento sobre um único interesse*: a técnica e a ciência tornaram-se a norma da comunicação e pretendem ser a norma da libertação. E isto é totalmente novo. Na época de Marx, a ideologia era a religião, na medida em que era a religião que servia para justificar as desigualdades. Hoje é a ciência e a técnica que, como uma espécie de religião, representam o interesse da manipulação. Na época de Marx, o centro da ideologia era a *exploração do trabalho*. Na ideologia moderna, o centro se encontra no desvio da lógica das ciências e da técnica através do processo de racionalização em relação a um fim. E Habermas, como aliás Marcuse, ataca essencialmente esta *submissão da ciência* e dos cientistas, além da exploração do trabalho.

## A consciência tecnocrática

Habermas sintetiza o que ele chama a "ideologia moderna" na definição de "consciência tecnocrática". A consciência tecnocrática, afirma ele, "não reflete tanto a dissolução de tal ou tal estrutura moral quanto o recalque da 'moralidade' como categoria da existência em geral. A consciência positivista comum embota o sistema de referência da interação estabelecida na linguagem corrente, onde tem nascimento a dominação e a ideologia, nas condições de uma comunicação deformada e onde esta dominação como ideologia pode também ser desmascarada por um trabalho de reflexão. A despolitização da massa da população, legitimada por uma consciência tecnocrática, constitui ao mesmo tempo uma auto-objetivação dos homens segundo as categorias de atividade racional em relação a um fim e aqueles do comportamento adaptativo por sua vez. Os modelos coisificados que são os das ciências passam pelo mundo vivido sociocultural e adquirem um poder objetivo sobre a concepção que ele se faz dele mesmo. O núcleo ideológico da consciência em questão é a *eliminação da diferença entre a prática e a técnica*, o que é um reflexo, mas não um conceito objetivo das novas relações estabelecidas entre o quadro institucional, que perdeu seu poder, e os sistemas de atividade em relação a um fim, tornados autônomos" (1973, p. 57-58).

Tentemos explorar os pontos centrais desta definição, primeiro o que Habermas chamou de "núcleo ideológico". Para ele o interesse técnico prolonga a atitude instrumental manipulando os corpos, enquanto o interesse prático é antes a intercompreensão na linguagem. A ideologia moderna é particularmente manifesta pela redução destes dois interesses a um só. Consequência ou produto maior desta ideologia; "a despolitização da massa da população". Marx procurava no "céu" a origem das ideologias. Ele identifica frequentemente as ideologias com a religião, a filosofia, a moral[25]. Hoje, pelo contrário, a sociedade de consumo se encarrega da *despolitização da massa*. A apatia popular concernente à causa pública resulta de um modo de produção e de seus produtos "secundários": a uniformização (banalização) da cultura e o modelo de lazer.

Esta "ideologia tecnocrática" – embora o adjetivo "tecnocrático" seja insuficiente para qualificar toda a extensão desta ideologia – é ainda mais dominante que a ideologia no sentido clássico, pois em nome de uma racionalização técnica e científica, de um princípio de eficiência e invocando o realismo e o modernismo, ela se apresenta sem alternativas. E é esta pretensão que Habermas desmistifica invocando notadamente a falsa neutralidade da ciência e seu papel ideológico na sociedade industrial.

O texto de Harbermas, consagrado e dedicado a Herbert Marcuse pela passagem do seu septuagésimo aniversário (ele nasceu em Berlim em 1898), defende fundamentalmente a tese principal deste, segundo a qual, quando uma sociedade chega a uma industrialização avançada, "a dominação – em nome da abundância e da

---

[25] Ver o *Manifesto do Partido Comunista*, p. 65 ss.

liberdade – invade todas as esferas de existência privada e pública, integra toda oposição real e absorve todas as alternativas históricas. A racionalidade tecnológica revela seu caráter político ao mesmo tempo que se torna o grande veículo da mais perfeita dominação, criando um universo verdadeiramente totalitário no qual a sociedade e a natureza, o espírito e o corpo, são guardados em um estado de mobilização permanente para defender este universo" (Marcuse, 1968, p. 42-43). Habermas subscreve esta tese. A técnica e a ciência assumem a função de legitimação da dominação. Sob o plano político, elas são instrumentos do *capitalismo avançado* para reduzir todos os conflitos, recuperar todo movimento de *conscientização das massas* assegurando sua lealdade.

Prolongamos um pouco mais do que no capítulo anterior a discussão sobre o conceito de ideologia. Esta "volta" por Habermas se justifica, contudo, pois a ideologia no sentido moderno intervém de modo mais decisivo na caracterização de Educação Permanente. E isto não pode ser colocado em evidência senão através de uma nova abordagem.

## 2 A Educação Permanente como ideologia: segunda abordagem

Essa nova abordagem da Educação Permanente enquanto ideologia deve aprofundar especialmente três pontos: a Educação Permanente como produto, como expressão (discurso) da consciência tecno-crática; a Educação Permanente enquanto "realidade" histórica (fenômeno) ligada à ideologia da sociedade industrial avançada; e a Educação Permanente enquanto fenômeno ligado à despolitização da massa da população.

## Educação Permanente: expressão da consciência tecnocrática

Após ter proposto a Educação Permanente como "ideia mestra das políticas educacionais para os próximos anos", o Relatório E. Faure apresenta a "orientação geral" seguinte: "é possível, desde que se queira, encontrar aqui os elementos de uma espécie de estratégia axial da educação de que cada país poderia escolher a que julgasse melhor, segundo as condições de sua economia, da sua ideologia, e, enfim, segundo a sua conveniência. Todavia trata-se apenas de *orientação*. A cadência da aplicação no tempo e no espaço, a *hierarquia* das escolhas e das prioridades, a *articulação* destas múltiplas variáveis, só podem depender das necessidades e das possibilidades de cada país" (p. 262).

Recomeçamos nossa análise por um texto da Unesco, porque é precisamente nas publicações desta organização que encontramos, mais frequentemente, a ideia de uma educação "sem fronteiras", "adaptada a todos os contextos", "segundo a conveniência de cada um" etc. Mas o mesmo espírito preside outras publicações internacionais: a educação é considerada, nesses textos, como algo neutro, sem ideologia.

Ao contrário, através da nossa leitura, percebemos tratar-se de conceito fortemente ligado à ideologia, como não poderia deixar de ser. Isso pode ser evidenciado, por exemplo, pelo modo como o saber Educação Permanente foi produzido. Com efeito, a Educação Permanente é o resultado da produção moderna do saber, um saber que passa cada vez mais por canais estreitos, por um ritual que se precisa e se reduz a algumas pequenas regras.

As condições artesanais que envolviam os pesquisadores e os cientistas de outrora não são mais hoje o modo dominante da produção do saber. Aquele era um saber no qual o cientista fazia suas descobertas,

**156** A EDUCAÇÃO CONTRA A EDUCAÇÃO

principalmente, através do contato pessoal, em viagens etc., um saber de experiência feito. Hoje, esse tipo de saber é raro. A produção do saber passou do estágio artesanal para o estágio industrial. O número de cientistas empregados nessas "indústrias" do saber aumenta a cada dia. Formam grupos que se combatem. Tornaram-se mercadoria. Também eles estão sujeitos à lei da oferta e da procura. O saber produzido nessas condições tem um sabor de intriga e concorrência. É um saber que passa necessariamente por um mercado onde existe o preço, a qualidade, onde se cria a demanda, necessidade e consumo.

Como qualquer produto, o saber precisa ser perecível. Para isso, deve-se produzir conhecimentos "puramente verbais", rapidamente caídos em desuso pelo modismo cultural. Embora se produzam, dessa forma, muitos *papers*, o cientista deverá pensar, antes de escrever, no seu chefe que o lerá. E como ele deve manter o seu posto (e o chefe também), o que for escrito deve ser limitado ao que é "pensável" dentro da instituição, seja ela uma organização internacional ou uma universidade.

Os documentos sobre a Educação Permanente, em particular as publicações ligadas à Unesco, ao Conselho da Europa e à OCDE, podem servir de exemplo dessa produção do *saber tecnocrático*. Essas pesquisas, feitas sob encomenda, para fins políticos ou em nome de uma futurologia interdisciplinar, reduzem-se a algumas expressões técnicas.[26] A invenção do futuro, que poderia partir da reflexão sobre os fins, aparece nesses documentos como pura previsão técnica e

---

[26] Logo na primeira página do livro *L'éducation demain*, de Bertrand Schwartz, pode-se ler: "o projeto educativo aqui desenvolvido compreende uma tentativa de síntese de trabalhos realizados por diferentes autores, os quais, cada um em sua especialidade e em seu setor de atividade, refletiram sobre os meios de levar a cabo uma política de educação permanente". Este livro foi traduzido pela Editora Vozes em 1976.

científica de meios. O debate político é omitido para se ficar aos níveis dos meios. Mas meios para quê?

Para os tecnocratas da educação, a questão política é uma abstração. Parece que eles ignoram as condições em que vive a grande massa da população, mesmo na Europa e nos Estados Unidos, submetida a um trabalho insuportável, cada vez mais penoso e automatizado. *Pensar* é uma coisa que a consciência tecnocrática não se pode permitir nem permitir a outros. É preciso agir e *agir* depressa. Por isso é preciso evitar toda discussão "inútil". É por isso que a discussão sobre os fins do trabalho humano e sobre a condição humana aí está ausente.

No limite, nessa visão, a *implicação do pesquisador* com o objeto de sua pesquisa estava intimamente ligada à própria reflexão.

Hoje, na pesquisa em grande escala, isso foi substituído pela monografia centrada sobre um ponto específico e preciso, voltada para recomendações de ordem técnica. Tudo se passa como se o público, o único interessado nesse trabalho, nada tivesse a ver com a pesquisa. Nesse círculo fechado da estrutura burocrática do Estado e dos organismos modernos de pesquisa, o pesquisador não se sente responsável nem se sente obrigado a prestar conta a um público. A pesquisa não é mais destinada a um público, mas a alguém que a encomenda em virtude de algum interesse em utilizar o produto da ciência para algum fim técnico ou tecnológico.

## Educação Permanente: racionalização produtivista e mecanismo de dependência sociocultural

A reprodução, a banalização e a sujeição cultural não são apenas o triste privilégio da exploração capitalista do saber, mas de toda sociedade tecnocrática onde reina o perito, onde reina a ideologia do crescimento ilimitado, da racionalização, da produtividade.

A ideologia tecnocrática ultrapassa as "ideologias" e os blocos políticos reinantes. A tecnocracia corrompe as bases da própria produção do saber e de toda produção. Não se pode esperar hoje, como pensava Marx no século XIX, que a *produção industrial* seja por si mesma um fator de *libertação* do homem. Talvez seja justamente aqui que é preciso "ultrapassar" Marx, em nome da fidelidade ao seu pensamento. O ser humano não é só um ser produtor. A solidariedade de Marx com o positivismo, representado hoje pelo industrialismo, o traiu. Na "sociedade unidimensional" que é a sociedade industrial avançada, o homem deixa de ser considerado um ser do conhecimento, um ser de interesses, do desejo, da comunicação. Ele é preso ao sistema industrial somente como produtor. É tudo. Cremos que a fidelidade ao pensamento de Marx consiste hoje em combater a ideologia na qual o próprio Marx caiu, isto é, a ideologia produtivista.

No século XIX, o trabalho manual, a energia do corpo humano, era o motor da indústria. Nas sociedades "de ponta", hoje, pelo contrário, o motor da indústria é a aplicação da lógica, da cibernética. É o *discurso científico* que é a principal *força produtiva*. E, ao mesmo tempo, o papel da instrução, em particular dos estudos superiores, muda. A universidade não pode mais manter-se alheia ao mundo produtivo. Por quê? Porque ela produz discurso e o discurso, sendo agora produtor, torna a universidade um instrumento primordial do sistema ideológico. Daí a revolta dos estudantes, e sobretudo nos cursos da área de ciências humanas e filosofia. A universidade tornou-se um lugar de conflito. Hoje não existe mais a universidade, que existia até o século XIX, fora do centro do sistema econômico. Se até o século XIX existia o embrutecimento do corpo, hoje, além deste, existe o embrutecimento da "mente" humana.

Daí o interesse da sociedade industrial em atrelar o sistema escolar e, de uma maneira geral, toda a formação. Secreção desta sociedade, a Educação Permanente tende a integrar toda a educação ao sistema econômico, ao sistema da produção industrial e a assimilar (globalizar) toda formação (o escolar, o extraescolar, a alfabetização, o desenvolvimento rural, a promoção da mulher etc.) a exemplo de experiências feitas em outros campos[27]. Isso, porém, só é viável através da integração de forças opostas, por uma administração total e "neutra", o que supõe um processo de *desideologização" da educação*.

Os países em "vias de desenvolvimento" são presa fácil desse novo instrumento de dominação cultural. Os países dominantes esforçam-se para encontrar novas sínteses programáticas, utilizando-se das organizações internacionais e, através delas, apresentar as "soluções ideais", "as ideias mestras" aos problemas para os quais os países subdesenvolvidos reclamam uma ajuda internacional. Desta forma, os países do centro do capitalismo podem generalizar suas inovações pedagógicas. Os países periféricos, dominados, copiam, importam e implantam essas inovações, convencidos de sua eficácia, da sua cientificidade etc.

Um caso recente pode ilustrar o que acabamos de afirmar. Foi anunciado em 1975 que a "tese ambiciosa" das "cidades educativas" – "comunidades onde o ensino deveria estar ao alcance de todos, durante toda vida, oferecido sob todas as formas possíveis" – seria

---

[27] Frequentemente são anunciadas, sob o patrocínio de bancos e empresas multinacionais, certas missões científicas e econômicas cujo objetivo é recensear todos os projetos (desenvolvimento rural e agrícola, indústria, comércio, alfabetização etc.) de um país, fazer uma compilação e uma análise para, em seguida, discuti-los com os respectivos governos. Esses bancos e essas empresas, notadamente nos países em via de desenvolvimento, oferecem em seguida a sua "ajuda" e os seus "serviços" em troca de certas vantagens econômicas e sob certas condições.

"implantada" em uma das quatro cidades de Minas Gerais (Itaúna, São João del Rey, Uberlândia ou Itabira) que disputavam, naquele momento, "o privilégio de consolidar nos trópicos o sonho de Faure"[28]. A escolha de quatro cidades foi feita por jornalistas entre 151 cidades que se apresentaram para a "disputa pelo direito de se transformar em escola". Finalmente, o "vencedor" entre as quatro cidades deveria ser escolhido por "especialistas" da Unesco, da OBA e do MEC.

Assim, populações inteiras são induzidas a pensar que uma inovação pedagógica seria suficiente para mudar a situação na qual elas se encontram, destruindo as possibilidades, já reduzidas, de entrar num processo "educativo autêntico". Vítimas de pedagogização e da *experimentação pedagógica*, essas populações veem as portas fechadas a uma verdadeira prática da educação. Nutridas pelo sonho da Educação Permanente, elas podem se submeter facilmente à maquinaria de uma tecnologia social preparada para a sujeição social e cultural.

Nos países em "via de desenvolvimento", a evolução da educação de adultos está ligada estreitamente à alfabetização. O caso do Brasil não é uma exceção. Ora, a *alfabetização* constitui atualmente o aspecto mais importante e mais crítico da educação nesses países. O número de analfabetos aumenta a cada ano em consequência dos jovens que chegam aos 14 anos "não sabendo ler e escrever" devido às condições oferecidas à população e o estado de dependência na qual ela se encontra. O analfabetismo é produto dessas condições de vida. Ora, não é porque a Unesco ou outra organização qualquer tem bons "projetos" nas suas gavetas que essa situação mudará.

Um processo de "educação autêntica" só terá lugar partindo da análise dessas condições e agindo sobre elas, conjuntamente, governo e população. Não poderá ser fruto da implantação de *teorias*

---

[28] Revista *Veja*, 5 mar. 1975, p. 40.

elaboradas nos escritórios dos burocratas estrangeiros. Mas, no que diz respeito à Educação Permanente, há ainda a agravante de ser ela o enxerto de um modelo de desenvolvimento econômico para o qual grande parte dos países contemporâneos contribui sem se beneficiar dele. Dessa forma, para os países em "via de desenvolvimento", esse projeto representa uma verdadeira armadilha.

## Educação Permanente: instrumento a serviço da despolitização

A estratégia da Educação Permanente representa uma aspiração das democracias modernas, dizem os seus promotores. As mudanças que se operam nas estruturas sociais, econômicas e tecnológicas convocam os cidadãos "para exercerem tarefas e responsabilidades novas, que não poderão assumir com a competência desejada a não ser que eles recebam uma formação conforme... A democracia moderna, sob seus aspectos políticos, sociais, econômicos e culturais, não pode instalar-se em cima de funcionamentos sólidos enquanto os países não dispuserem de uma quantidade crescente de quadros especializados responsáveis, em todos os níveis, que estejam prontos para dar vida às estruturas teóricas da sociedade e dar-lhe um conteúdo concreto" (Lengrand, 1970, p. 18). Poucos são os textos que abordam o problema de democracia. Quando o fazem, como Lengrand, ficam ao nível de generalidades, repetindo lugares-comuns. Aqui, porém, há um elemento novo. Uma ideia da obra de Lengrand nos mostra que o conceito de poder está sujeito ao de competência. O poder, nas sociedades modernas, seria substituído pela competência (autoridade), pelo *perito*, o que implicaria a entrega da direção da sociedade a tecnocratas, peritos politicamente "neutros".

A história dos países ocidentais parece dar razão a Lengrand como o demonstra Pierre Birnbaum (1975). O *homem político*, "ideológico",

**162**  A EDUCAÇÃO CONTRA A EDUCAÇÃO

deveria ser substituído pelo *homem tecnológico*, "neutro", que organiza racionalmente as sociedades através da ciência da planificação. Daí a necessidade de formar esse homem dentro do "espírito científico" defendido pelo Relatório da Unesco.[29] Nesta "democracia", o critério da autoridade "política" seria a funcionalidade e a racionalidade, tendência das sociedades modernas.

A consequência mais dramática desta concepção da democracia é a "despolitização da massa da população" de que nos fala Habermas. O modelo da *autoridade* exclui a consciência política e, em consequência, a *participação popular*. E para não se curvar diante dessa evidência, os promotores da Educação Permanente invocam as "virtudes formadoras da ciência". É verdade que no século passado as ciências experimentais, fortemente teóricas, não técnicas, davam ainda uma *formação prática* (ética), como demonstra J. Habermas. Hoje, ao contrário, as teorias científicas podem transformar-se em poder de ordem técnica, sem, contudo, serem práticas, "sem referir-se expressamente à ação comum levada a cabo por homens vivendo juntos" (Habermas, 1973, p. 141). As ciências, portanto, não oferecem nenhuma garantia de uma formação ética.

Ignorando o quanto o conhecimento e os interesses do mundo vivido estão entremeados, os promotores da Educação Permanente caem na *ilusão objetivista* segundo a qual existiriam fatos já estruturados em leis e um pouco mais de formação técnica e científica seria suficiente para eliminar a "irracionalidade", os "interesses", a "ideologia" política. Na realidade, essa pretensa objetividade é a máscara de um interesse camuflado e que é o interesse pela manipulação, como o demonstra J. Habermas. É uma perversão da democracia. Nela não há lugar para o que Rousseau chama de princípio

---

[29]  Paul Lengrand foi o Secretário da Comissão que elaborou esse Relatório.

mesmo da democracia, isto é, um lugar onde a "autonomia de cada um e plena participação na decisão comum" pode existir.

No debate entre pesquisadores e cientistas "esclarecidos" e o poder, o diálogo democrático é excluído. O público de cidadãos aí não está hoje representado. Os intelectuais não podem substituí-lo. E com a *despolitização* operada pelos partidos *"apolíticos"*, aparece a *alienação planificada*.

## Conclusão
### Quadro sinótico de uma leitura histórica

A conclusão primeira que é preciso tirar neste resumo é esta: a análise histórica da Educação Permanente nos permite caracterizá-la como um projeto (projeção) da educação, visando reforçar a manutenção da divisão social do trabalho e o fortalecimento da sociedade tecnocrática. Ao contrário das "razões" invocadas pelos seus promotores, sustentamos que a Educação Permanente é um *discurso ideológico*, como todo discurso educativo. Só que esse discurso é essencialmente reacionário, conservador, já que se destina a ser instrumento de reprodução de uma sociedade caracterizada pela falsa aparência de liberdade e pela manipulação das consciências.

Certamente a análise que fizemos restringe-se apenas aos documentos referentes ao projeto da Educação Permanente, notadamente aquele sustentado pela Unesco, todavia ela poderia se estender a grande parte da literatura pedagógica atual. Por isso, nesta conclusão, abrimos um debate que ultrapassa a Educação Permanente para questionar a educação, a ação pedagógica, os desvios que ela pode oferecer à sociedade.

Se tomarmos a Educação Permanente como ponto de referência, podemos afirmar que a educação e o sistema escolar, em geral, são

164  A EDUCAÇÃO CONTRA A EDUCAÇÃO

*insuficientes* para despertar a consciência. Será que essa insuficiência é devida ao fato, apontado por Ivan Illich, de que a educação nas sociedades modernas foi institucionalizada, perdendo a população a capacidade de autoeducar-se? Será que o mal reside na "forma" da educação ou no seu próprio "fundamento"?

Concordamos com Illich que a educação está sendo cada vez mais monopolizada por especialistas que chamamos de "educadores". É preciso, certamente, *abolir todo monopólio* e todo privilégio de educar. A reconquista, por cada um, por cada família, por cada grupo social, do *poder de educar-se*, a reconquista pelo "profano" do seu poder e de sua capacidade de se curar, de educar-se a si mesmo, "junto com o outro e por intermédio do mundo" (Freire), é certamente a tarefa mais urgente da educação atual. Mas não podemos estar de acordo com Illich se ele fica apenas nisso, no desejo e na crença em outra coisa sem saber qual é essa coisa.

Educação de mercado, como o sistema econômico que a criou, a Educação Permanente não funciona mais segundo os interesses dos "consumidores" dos serviços educativos, mas em função dos interesses dos produtores desses serviços. Os fabricantes de aviões militares não se preocupam pelo que pode acontecer através de sua "mercadoria". Sua função é pesquisar, explorar as melhores condições e maiores lucros que o mercado atual de armamento pode lhes oferecer. Num mundo controlado pelo monopólio do modo industrial de produção, a preocupação comercial invade todos os domínios humanos: a educação, a medicina, o direito, a política etc. E a educação é um mercado privilegiado porque não existe sobre ela mecanismos de controle social. Existe um mercado inesgotável que é a "escolaridade obrigatória". E a escola, para garantir a sua clientela, joga em duas frentes: conserva-se parasita do sistema social e, ao mesmo tempo, reserva-se uma certa área de autonomia, querendo permanecer aparentemente marginal ao sistema. Cria a ilusão de que fora dela não existe educação. Esta ilusão cria no público um comportamento doentio que podemos chamar de *carência de educação* e contínua dependência em relação às instituições de "dar" educação. Um mercado que no Brasil está sendo amplamente explorado pela empresa particular auxiliada pela política governamental da educação, que está entregando toda a educação à empresa privada.

O modelo comercial liberal estrutura-se amplamente em torno da escola: para vender a mercadoria não é suficiente atender à demanda existente. É preciso criá-la constantemente, criar novas necessidades de educação "durante toda a vida", assegurando a continuidade da empresa e dos patrões, isto é, de todos aqueles que tiram proveito da administração de uma "educação interminável". A oferta dirige, comanda a demanda. O direito à educação transforma-se numa obrigação escolar interminável, necessária, onipresente. De direito da pessoa, a educação transforma-se então em bem de consumo.

Assim desenvolve-se toda uma pesquisa, toda uma inflação de métodos, de teses, de resultados, de testes, de experiências, de inovação pedagógica etc. que gira no vazio. O *público*, aquele que deveria ser o primeiro a ser consultado, está muito longe destas "especializações" da educação. Para a maior parte, "quanto mais muda, mais igual fica". Todas essas inovações e essas teorias educativas, centradas em refinados aspectos da educação (veja-se a esse respeito as teses de Mestrado e Doutorado), perdem-se na especialização, esquecendo-se da própria educação.

A Educação Permanente é um desses "projetos", resultado do *pensamento unidimensional*, diante do qual toda liberdade é ilusória. Já existe um "programa". O que deve ser consumido (pensado) já foi decidido. Esse pensamento foi amplamente denunciado por Marcuse e Habermas. Ivan Illich fez a mesma coisa num encontro organizado

**166** A EDUCAÇÃO CONTRA A EDUCAÇÃO

(paradoxalmente) pelas instituições guardiãs desse pensamento, diante de um auditório eminentemente representativo do "sistema"[30]. Concepção perfeitamente imperialista, dizia Illich, determinada pela vontade das sociedades ocidentais de conservar a cultura acorrentada, fazendo crer na democratização que não existe de fato; com efeito, o saber precisa ser exigido pelos próprios interessados, tomado em suas mãos, fora das estruturas preestabelecidas e autoritárias. Na verdade, Illich falou com paixão (como é do seu feitio): a escola é um "ópio do proletariado"; a Educação Permanente está "vendida ao sistema", portanto é "perigosa e perversa". Sim, é preciso dar razão a Illich, é preciso avançar com ele e, certamente, é preciso ultrapassá-lo. Nós vimos, a Educação Permanente é fruto de uma *conjuração*: tecnocratas, políticos e professores, profissionais da "sociedade mercantilista e eficiente", entendendo-se como ladrões de feira.

\*\*\*

Sendo a Educação Permanente um "projeto" para o humano, podemos interrogá-la sobre a *questão do ser humano* que até agora não entrou no nosso debate. A crítica das ideologias não se presta para isso. É insuficiente, pelo menos. Para Marx a noção de projeto, embora não seja alheia ao seu pensamento, perde-se na luta de classes e na ideologia. Não explica tudo.

– Existe ainda alguma coisa além da luta de classes e da ideologia? Para compreender a história é suficiente explicá-la?

Uma leitura histórica nos permitiu explicar a história da Educação Permanente, mas apenas uma leitura ontológica pode nos levar ainda mais adiante, sem a pretensão de colocar um ponto-final, de oferecer, enfim, a tão desejada explicação total. Não é para isso que é preciso

---

[30] *Palácio das Nações Unidas*, Genebra, 5 de setembro de 1974.

continuar lendo a Educação Permanente em outro nível. Mas é preciso distanciar-se um pouco mais dela para vê-la sob um ângulo diferente.

Se olho a rua desta minha janela (histórica) do meu pequeno "studio" da *Cité Universitáire*, não vejo senão uma pequena parte dela, de veículos que passam rapidamente. Mas se quero compreender toda a rua que tenho diante dos meus olhos, devo subir até o último andar do edifício para enxergar o *princípio* e o *fim* da rua. É apenas a partir do horizonte aberto por essa nova visão, por esta nova leitura, que posso indicar a direção da circulação dos veículos, dos pedestres, enfim, do presente e do futuro próximo. A leitura histórica nos mostra um caminho onde existem explicações do presente, mas a direção que implica a visão do começo e do fim, isto é, do projeto, é apenas parcialmente visível. Nossa tarefa "histórica" revelou-se uma tarefa "destrutiva". Seria, porém, lamentável que daqui não surgisse também uma proposição construtiva. Não é talvez o papel de uma leitura histórica. Por isso ela pede outra leitura.

Terceira parte

# FILOSOFIA DA EDUCAÇÃO PERMANENTE

# Capítulo I

## A Educação Permanente e sua imagem do homem

— É preciso uma outra leitura da Educação Permanente?

Colocando esta questão, retomamos a discussão antes interrompida concernente à compreensão e à explicação na hermenêutica. Aqui, contudo, esta questão toma um novo desenvolvimento. Ela é nutrida pelas abordagens precedentes. Quer dizer que a *fenomenologia hermenêutica* entende que a crítica das ideologias não encerre todo o discurso. A fenomenologia hermenêutica sustenta que existe ainda uma outra leitura "após" a leitura histórica. Ela não nega que todo pensamento tem uma história, raízes, mas ela não se prende à explicitação das ideologias. Ela afirma a necessidade de um *desvelamento* do que "precede" a ideologia ou o pensamento.

— O que está implícito no discurso que temos por tarefa analisar? Por que se pode dizer ainda que as duas leituras precedentes ficam à superfície do fenômeno?

Sem mais, podemos afirmar que a questão do homem, de seu ser no mundo, não se colocou até aqui. A validade da crítica das ideologias não é colocada em questão. Uma leitura fundamental, contudo, deve "ultrapassar" a crítica das ideologias. Ela reconhece a validade de uma tal crítica, mas também seus limites. A crítica das ideologias fica no domínio da explicação, porque ela não corre o risco de ir "além", de se interrogar mais radicalmente.

## 1 Limites da crítica das ideologias

A leitura histórica é, de alguma forma, uma "redução sociológica", quer dizer, um *aspecto*, uma projeção sobre uma dimensão, um aspecto certamente essencial desta totalidade "fenomenal", mas insuficiente. Uma leitura com tendência fundamental é necessariamente mais complexa, mais detalhada. Quando um sociólogo interroga um fato, um fenômeno, ele quer dar explicações, demonstrar alguma coisa, procurar instrumentos para lutar contra alguma coisa. Quando um *fenomenólogo*, um antropólogo, estuda alguma coisa, ele simpatiza, ele escuta, ele acolhe, ele ama para melhor compreender.

Evidentemente não se pode amar o discurso sobre Educação Permanente, ou muito dificilmente. Todavia, mesmo se uma leitura feita com benevolência, participação e diálogo é difícil, o fenomenólogo pretende que uma leitura fundamental seja possível. Ele tenta, assim, a aventura de uma escuta de outra coisa.

Desde o momento em que mostramos que se tratava de um discurso ideológico, vigiado pela tecnocracia, uma *leitura fundamental* se anunciava muito "curta". Com efeito, se ela desvela a perversão da linguagem, da palavra, por que então ir mais longe? Por que não nos desembaraçar o mais rápido possível de todo este vazio?

Digamos que há uma única razão de prosseguir no caminho da demitologização: é porque se leva a sério o símbolo. E a Educação Permanente é um símbolo que nos dá o que pensar, e pensar precisamente o humano que através dela se revela também, mesmo se ela o *esquece*.

É neste ponto que uma leitura histórica e, notadamente, nossa leitura, que toma a *análise marxista das ideologias* como paradigma, é insuficiente. Marx se atém ao nível sociológico em sua análise. Nós diremos que ele não vai até o fim na "destruição" da Filosofia. Certo, o ser humano não pode caminhar de cabeça para baixo. Ele tem pés, um estômago, um sistema digestivo, mas, por que não, ele tem também uma cabeça. É preciso pernas, sangue, mas o ser humano é somente o que pode se ver e medir nele? Se nos atermos a isto, o marxismo certamente não pode nem mesmo "explicar" o próprio Marx. Não há uma *visão do ser* que implica a vontade humana de estabelecer a justiça e que dá movimento à ação? Marx não era um proletário. Como explicar, senão enquanto trânsfuga de classe, motivado por esta visão do ser, pelo desejo de fazer justiça entre os homens? Terminar nossa leitura pela "redução sociológica" seria finalmente dar toda razão à razão, ignorar os limites definitivos da crítica das ideologias e fechar o conhecimento de um objeto em uma só dimensão.

Uma leitura puramente histórica da Educação Permanente poderia nos dar a impressão de que ela não é "nada mais" do que uma ideologia. Se não se faz a crítica desta "redução", a crítica, em lugar de ser ou de permitir um avanço, pode significar um grande recuo. Este recuo é certamente o círculo infernal da manipulação, das distorções de análises, das mentiras instituídas e justificadas, da submissão, do servilismo do qual Marx denuncia as consequências para o humano.

A suspeita não é verdadeiramente estimulante e preciosa a não ser se ela é englobada, cimentada, por uma ética *da verdade* e uma preocupação com o humano. Esta exigência ética só pode vir a partir de um outro tipo de leitura que coloca constantemente a "questão do homem", como faz a Filosofia desde a Antiguidade.

Nessa visão, a tarefa da *dúvida filosófica* seria essencialmente mostrar os limites desta crítica das ideologias *suspeitando da própria suspeita*, quer dizer, colocando o implícito em evidência. Crítica higiênica, liberadora, certamente, pois ela nos leva a um nível de interrogação que não é o de um "Manifesto", cujas intenções de propaganda, de catecismo destinado a agitar as massas que já estão presentes no título. Sob pena de nos reencontrar como os sofistas fazendo bom mercado de nossa ciência, é necessário *combater a retórica* que introduz sistematicamente, voluntariamente, conscientemente, a propaganda eleitoral, a estratégia, para sacrificar, em nome dela, o pensamento, a crítica e a liberdade.

Uma leitura fundamental tem por ambição ser "profética", quer dizer, procurar o *sentido* não somente do presente (e do passado) no futuro, mas do futuro no *presente* (e no passado). Afirmamos que a visão do mundo (ser-no-mundo) procede, está já implicada no discurso, e que a colocação em evidência de uma visão do mundo subjacente ao discurso sobre Educação Permanente poderia nos conduzir a uma interrogação mais radical desta. Isto quer dizer notadamente que esta leitura deve nos reenviar ao *projeto inicial* e jamais colocado em questão pela Educação Permanente, jamais explicitamente estudado. Tomar consciência deste projeto deve permitir a superação da Educação Permanente e toda uma compreensão dela mesma em direção a uma *outra pedagogia*, uma *outra educação* possíveis.

Não empregamos o termo "visão do mundo" como o emprega Dilthey. Em Dilthey não se pode propriamente falar de *Weltanschauung* (visão do mundo), mas de *Weltanschuungen* (no plural). O mundo vivido através da experiência religiosa, poética ou filosófica é, segundo ele, a "forma fundamental", a "base da estruturação" da *Weltanschauung*. "A estrutura da *Weltanschauung* comporta sempre uma relação interna da experiência da vida com a imagem do mundo, relação da qual se pode sempre tirar um ideal de vida, como pode ser deduzido da análise das criações superiores destas três esferas de atividade, assim como das relações que unem a realidade, os valores e as evoluções na estrutura da vida psíquica" (Dilthey, 1947, p. 380 ss). Dilthey sublinha a necessária fixação com o mundo vivido, o *Weltbild* e o parentesco entre as diversas visões do mundo. Ele afirma notadamente que estas diferentes *Weltanschauungen* (filosófica, poética e religiosa) podem passar da forma religiosa ou artística à forma filosófica e inversamente. O que caracteriza então uma *Weltanschauung* filosófica é sua tendência "ao fechamento e à coerência" atingida por um pensamento, tendo uma validade geral.

Evidentemente, é preciso criticar o "ver", o *Anschauen* que tem por outro lado o mérito de sublinhar que o "mundo" está ligado, articulado sempre por uma "representação", uma maneira de ser, de fazer etc., que nada existe de totalmente objetivo. Como ele indica, o seu problema é aquele do "mundo do espírito" que não é aquele dos objetos. Não se trata de ignorar a especificidade deste, mas de reconhecê-lo sem o reduzir, e de explorá-lo "objetivamente", "cientificamente", isto é, respeitando sua realidade própria.

Podemos, modestamente, pôr em questão o "esquecimento" de Dilthey sobre a crítica deste vivido "social" ao qual ele faz apelo. O limite do seu conceito de visão do mundo se encontra aí, onde toda sua riqueza começa, isto é, na sua teoria do conhecimento fundada sobre o vivido, sobre a "totalidade da vida", que reduz, às vezes, a compreensão à explicação "psicológica" do "mundo do espírito". As interpretações que ele dá da "vida" se caracterizam por uma omissão fundamental: ele não coloca a questão deste ser que "tem" uma *visão do mundo*, como o demonstra Heidegger (1953, p. 99), nem da sociedade da qual este ser faz parte.

Para nós, a visão do mundo está ligada e englobada pela noção de projeto e de ser-no-mundo. Estas duas expressões denunciam a maneira de ser do homem no mundo, sublinhando seu caráter "mundano", material e histórico. Compreender o homem é compreender que ele é projeto. Como explica Heidegger, isso não tem nenhuma relação com um plano de conduta que o homem teria inventado e segundo o qual ele edificaria seu ser. Enquanto homem será sempre projeto, desde que ele existe (Heidegger, 1953, p. 145).

– Por que falar aqui do homem como projeto?

Porque este "existencial" (Heidegger), esta estrutura fundamental do homem, abre este debate jamais acabado sobre o homem, debate sobre suas *possibilidades* e sobre seus *limites*. Um pensamento ideológico serve para camuflar o projeto do homem enquanto a visão do mundo pretende notadamente deixar o espaço aberto no qual um debate sobre este projeto possa se instaurar.

Ao contrário de Dilthey, afirmamos que a visão do mundo filosófica não é trabalho exclusivo de "filósofos". A filosofia não é esta extensão da razão "raciocinante", mas o produto de uma consciência do vivido prático. Ela é menos um pensamento estruturado (como a ideologia) do que uma maneira de ser. Ela é bem mais uma atitude diante da vida, diante das ciências, da arte, da religião etc., do que um pensamento, do que um conhecimento. Uma visão do mundo apresenta-se muito mais como um *não saber* que como um *saber*. Ela é esta questão, sempre aberta, que se coloca ainda quando todas as questões já foram colocadas: o que é o homem? Que pensais vós, que sabeis sobre o homem? Que esperais para o homem? Tudo o que eu faço só tem sentido na medida em que contribuo à edificação do humano e da humanidade. "Todo interesse de minha razão tanto especulativa quanto prática está contido nestas três questões: que posso eu saber? Que devo eu fazer? Que me é permitido esperar?" (Kant, 1968, p. 543)

É ao nível de uma *antropologia fundamental* que uma intervenção filosófica traz qualquer coisa de original à reflexão sobre a educação. Esta é a exigência que se impõe a toda investigação, questão, pesquisa, concernente ao humano. É, de alguma forma, a "exploração da preliminar" (Gusdorf, 1967, p. 26) subjacente a todas as ciências humanas. Esta antropologia não é, contudo, uma solução pronta, acabada, colocada em fórmulas cibernéticas, mas antes uma questão, a questão a respeito do homem.

## 2 Educação Permanente: para que ser humano?

Todo projeto educativo, todo discurso educativo veicula uma *imagem do homem*, uma visão do homem. No que concerne à Educação Permanente, resta ainda demonstrar essa hipótese. É por isso que, numa primeira abordagem, tentaremos analisar as correntes filosóficas, os "ismos", que se exprimem através dos documentos analisados. Quer dizer que, no que se refere à imagem do homem da Educação Permanente, num primeiro momento, nosso estudo se atém à "evidência" do discurso.

Mostramos na primeira parte deste trabalho que há no discurso referente à Educação Permanente um apelo constante a uma "filosofia" definida como um "humanismo científico" e um projeto político ou uma filosofia política visando à "democratização". Fizemos em seguida uma leitura histórica deste apelo. Aqui a questão é colocar em evidência a significação desta filosofia.

Uma primeira observação concerne à imprecisão tocante ao enunciado desta filosofia. Com efeito, qual filosofia não reclama ou ao menos recusaria a ideia central *do humanismo*? Qual filosofia hoje não coloca o homem no centro de suas preocupações? Diga-se o mesmo de todos os regimes políticos atuais que reclamam para si a "democracia". Se, por estas declarações gerais, esta filosofia presta um grande serviço à ideia de Educação Permanente – aumentando o número daqueles que creem nela, pois eles podem crer o que eles querem crer —, uma leitura mais atenta dos textos nos mostra os traços mais dominantes desta filosofia.

Vem primeiro a ideia de um *individualismo* ou de um certo *personalismo*. A educação está "primeiro a serviço da pessoa", dizem os textos. Às vezes se avança um pouco mais afirmando que ela está "a serviço do ser". Daí a exigência de "armar" o indivíduo numa "sociedade em mudança" para afrontar os "desafios" desta mesma sociedade, sozinho, a afrontar um mundo selvagem e desconhecido. Este homem homérico é modelado por uma só dimensão, a dimensão individual, "aperfeiçoada" permanentemente pelo saber e pela técnica. E como a dimensão da mudança, da mutação, é o motor desta luta contra o mundo, pode-se dizer que o corolário do individualismo é o *mutacionismo*, entendendo-se com isso uma doutrina que reduz o mundo a um só aspecto da realidade: a aceleração da mudança.

Não faltam na civilização ocidental modelos "filosóficos", concepções de homem tribal do *homo belicosus* formado pelo individualismo e pelo mutacionismo. O homem que Miguel de Cervantes personifica no seu herói, o cavaleiro errante Dom Quixote, é um exemplo disso. Um dos inspiradores da Educação Permanente escreve já em 1962: "é preciso dar aos homens caracteres e almas ao mesmo tempo tão fortes e tão flexíveis, tão adaptáveis, que possam se manter num tal estado de disponibilidade que as transformações não os abaterão [...]. A tranquilidade não é para nós. Nós temos que viver em equilíbrio incessantemente recolocado em questão e que precisaremos incessantemente restabelecer" (Berger, 1962, p. 144). Será preciso que renunciemos à tranquilidade porque as coisas são muito rápidas? Mas não se termina jamais de correr, de se "aperfeiçoar", de se "reciclar", de se informar, de se instruir? Em outras palavras, esta doutrina pressupõe que o homem é um ser capaz de se "aperfeiçoar" indefinidamente, capaz de se adaptar, sem cessar, a novas mudanças.

A aceleração do progresso conduz os promotores "da educação interminável" à reciclagem contínua, exigidas pelas pressões econômicas. Essa reciclagem é apresentada como remédio para o atraso sobre o desenvolvimento da informação nos domínios técnicos e científicos e, ao mesmo tempo, é apresentada como um meio de fornecer uma atitude crítica face à mudança. Trata-se, contudo, não da ressurreição do antigo *utilitarismo* a serviço do ter, do possuir, com o objetivo de rebaixar a formação senão à economia, pelo menos, a uma sociedade manipulada por interesses econômicos e tecnocráticos.

É verdade que a Educação Permanente "coloca no centro de suas preocupações o homem" (Relatório E. Faure, p. XXX). Mas que homem? "O homem que ela visa formar, nos responde o mesmo documento, é um homem concreto, historicamente situado, que é posto em evidência pelo conhecimento objetivo" (p. 167), "o homem que tem a capacidade de observar, de experimentar, de classificar os dados da experiência e da informação..." (p. 177). À sua maneira, o humanismo da Educação Permanente prolonga o humanismo de ontem. Ele nos fala de um mundo feliz, de uma sociedade livre, sem conflitos, onde se encontram homens de "boa vontade", conscientes de suas responsabilidades, "fortes e flexíveis" (Berger). E tudo isso graças à educação, graças à "formação do espírito científico"!

Neste mundo do "conhecido puro", descrito há séculos por Platão, a ideia do Bem – um Bem que se identifica com o Saber – paira sobre todos os "espíritos". Como o discurso de Dilthey, o discurso sobre a Educação Permanente parece limitar-se ao "mundo dos espíritos". Mas é apenas aparentemente. Mesmo assim, a *proposta pedagógica* da Educação Permanente é profundamente "idealista". O homem "concreto" que a Educação Permanente nos apresenta é o homem "ideal", o homem ideológico. Querer *neutralizar o homem*, integrando conflitos e correntes no seio de uma mesma "democracia positiva", não será querer perpetuar a injustiça e a desigualdade?

**180**    A EDUCAÇÃO CONTRA A EDUCAÇÃO

O ato educativo, afirma o Relatório E. Faure (p. 65), "procede ao mesmo tempo do determinismo, do idealismo e do voluntarismo". Pelo primeiro, "as formas e os destinos da educação são comandados de forma direta, e mais ou menos sincronizada, pelo jogo dos fatores ambientais". Através do segundo, "a educação existe em si e para si". Através do terceiro, "a educação pode e deve transformar o mundo, independentemente das mudanças intervenientes nas estruturas da sociedade". Assim, no fundo deste "humanismo científico" encontramos um *ecletismo* generalizado, corolário do *positivismo*, no qual se atiram particularmente as organizações internacionais, interessadas neste projeto de educação, global, multinacional e permanente.

Quanto a um debate fundamental sobre a educação, a Educação Permanente nos abre um grande *vazio*, um vazio, contudo, muito significativo.

A primeira abordagem de uma leitura fundamental da Educação Permanente esbarra com uma verdadeira anarquia conceitual, que constitui essencialmente esse vazio. Como então falar de projeto de homem e de sociedade quando ela evita uma reflexão sobre as finalidades, as possibilidades, o futuro? Ou será que seu projeto de homem e de sociedade se reduz a uma estratégia? De qualquer forma este vazio denuncia abertamente a crescente submissão dos educadores e teóricos da educação aos imperativos e às pressões capitalistas monopolistas (ver Braverman, 1977) voltadas exclusivamente para o lucro e a rentabilidade.

Um projeto de homem, como o definimos aqui, que implica abertura de possibilidades para o homem atual não está presente nos documentos analisados. Mas essa ausência, essa omissão, não seria também um projeto, uma imagem do homem que a Educação Permanente se faz? A patência do discurso não nos revela exatamente isso, mas nos abre um caminho para a compreensão da Educação Permanente enquanto projeto de homem. Portanto, em vez de interromper nossa leitura aqui, devemos seguir esse caminho, mesmo em meio a essa confusão de estereótipos, de banalizações, que constitui a Educação Permanente.

– Coloquemos, portanto, uma questão inicial: o que pode significar esse vazio?

A maneira vazia de ser do homem é também uma maneira de ser, embora não seja eminentemente humana, mas seja a maneira de ser dos "entes subsistentes", como diz Heidegger, isto é, dos objetos, das coisas. É uma maneira que não convém a não ser a esses seres. Por isso quando essa maneira de ser se aplica ao homem, é o mesmo que reduzi-lo de *sujeito* de sua existência a *objeto subsistente*. O vazio que a Educação Permanente nos abre significa que ela nos apresenta um homem que vive no interior do mundo, mas não o habita.

Certamente essa visão do mundo resulta da própria maneira de entender as relações entre o homem e o mundo. A Educação Permanente, nesse sentido, explica essa relação como um produto da técnica e da ciência. Diante da máquina, o trabalhador moderno encontra-se só. Não existe palavra. Não existe *relação dialética* homem-mundo. É uma *relação dependente*, consequência, resultado e não ação mútua. O trabalhador é um *ser-só* face a um trabalho do qual não tem controle. É a vítima dos desafios do mundo moderno, mesmo após a reciclagem, a educação "interminável". "Aprenda ou morra": não é para ele uma alternativa, mas a afirmação de sua solidão sem esperança, à qual é conduzido por uma sociedade catastrófica, sem projeto humano.

O modo de vida industrial exige um aperfeiçoamento técnico permanente. O homem deve, então, prosseguir sem cessar sua adaptação a esse modo de vida? Deve ele renunciar à sua estrutura de "ser no mundo com o outro", porque o trabalho o transforma num ser individual, isolado e separado do mundo? A Educação Permanente é perigosa e perversa justamente porque intoxicando permanentemente o trabalhador com uma formação puramente técnica e científica, aplicando-lhe doses continuadas de formação profissional, é impossibilitado de interrogar-se sobre si mesmo, sobre a finalidade do seu trabalho, sobre a sua própria condição. Torna-se, assim, o homem que não domina os instrumentos que utiliza. Concentrado sobre seu instrumento, de tanto estar com os outros sem ver, no anonimato das grandes concentrações econômicas, num mundo do trabalho sem rosto, este homem perde sua própria fisionomia, sua estrutura de ser. E nenhuma formação profissional, nenhum aumento de conhecimento, pode restituir essas "perdas" sem que suas condições de vida sejam profundamente alteradas.

O ideal de homem da Educação Permanente acaba sendo um *homem demiúrgico*. Um homem que deve descobrir, explicar, contabilizar, classificar, manipular o mundo, mesmo sem tomar conhecimento de sua própria existência nesse mundo. O resultado de todos esses princípios, estratégias e postulados apresentados nesse número infindável de documentos é igualmente um *homo belicosus*, em guerra selvagem e permanente com o mundo, "armado" contra os "desafios" do mundo, pelos "imperativos" da mudança, um homem em guerra consigo mesmo e com os outros. Impossível construir por essa via um mundo habitável, um mundo de iguais.

Prenuncia-se, assim, um mundo de seres humanos predadores, formados por essa educação interminável.

O complemento do *homo belicosos* é o *homo aprenditus*. O saber, a aprendizagem, aqui, identifica-se com a Ideia platônica de Bem. É preciso aprender tudo porque tudo pode ser aprendido! De novo uma dimensão é tomada pelo todo. Um *ser educável* é tudo que a Educação Permanente "vê" no homem; a ideia de um homem constituído essencialmente pela busca de aperfeiçoamento intelectual e técnico.

Com a Educação Permanente surge, com virulência, o *mito da formação*, o culto da educação e, em consequência, o *esquecimento* da questão a seu respeito.

Assim, afrontando a questão da visão do mundo da Educação Permanente, nós nos colocamos no coração da questão da educação. E porque a Educação Permanente nos abre aqui um imenso vazio, nos desvela, também, o esquecimento fundamental.

Experimentemos agora *fundar, qualificar esse esquecimento.*

# Capítulo II

## O esquecimento fundamental da Educação Permanente: a questão da educação

A Filosofia tem um interesse fundamental: a questão do humano, a questão do projeto do homem. Desta forma, ela propõe um tipo diferente de leitura, diferente da leitura sociológica, histórica. É a maneira da filosofia de colocar questões. Nós a chamamos de leitura fundamental. Em que ela é fundamental? Ela é fundamental pela natureza mesma de sua preocupação, de seu interesse. Esse interesse a leva a interrogar-se sobre aquilo que a Educação Permanente não se interessa. É por isso que o filósofo pode falar de um *esquecimento*, que não é uma ausência, uma omissão, mas um esquecimento qualificado, cujos pontos essenciais podemos colocar em evidência.

## 1 Existência e educação

O homem existe. Tomemos o termo "existência" como uma determinação do ser que convém apenas ao ser humano. Como Heidegger (1953, p. 40 ss), empregaremos o termo *sub*-sistência para determinar

A EDUCAÇÃO CONTRA A EDUCAÇÃO

a "existência" dos outros seres que não são os seres humanos. Dizendo que um ser existe, estamos dando já o nome desse ser que não é outro senão o humano, cujo modo de ser (existência) é "essencialmente estranho" a todos os outros seres.

O que é isso, a *ex*-sistência? *Ex*, esse elemento do latim que compõe palavras como *excluir, expulsar, expatriar, expropriar*, contém a ideia de "fora de" ou ainda de "anterioridade" como nas palavras ex-cidadão, ex-aluno. Na palavra *existir*, o *ex* marca o distanciamento e a privação da "istência". O verbo latino *sistere*, que deu *situare* no latim medieval, significa *colocar em um lugar, tomar lugar, estabelecer-se solidamente, tornar firme, estável, apoiar-se sobre*. Se fizermos agora a ligação dessas duas palavras, obteremos uma outra palavra muito estranha, porque *ex-istência* significaria *estar privado de lugar*, do lugar original, de uma postura, de uma estabilidade. O ser que se caracteriza pelo *ser-existente* é, por definição, o ser colocado "fora dele mesmo", um ser que é essencialmente "transcendente" em relação a si próprio e em relação ao mundo (lugar) onde ele habita. O homem enquanto ser-ex-istente é o ser que "vai" além dele mesmo, projeta-se. Portanto, a definição tradicional de humano, como *animal racional*, é, nesse sentido, uma definição falseada e insuficiente.

Ora, a antropologia subjacente à Educação Permanente está marcada fortemente pela *racionalidade* – "esse elemento obscuro do homem", como dizia Heidegger – que fundamenta o conceito "natural" de homem e de mundo. A Educação Permanente não chega propriamente a um conceito de homem, pois carece de reflexão sobre isso. E não podendo defini-lo, então, ela o pressupõe. Isso é admissível para certas disciplinas "positivas", como a biologia, que não pode estabelecer ou, pelo menos, não pode induzir hipoteticamente dos seus materiais empíricos, seus próprios fundamentos ontológicos, mas é indispensável para um discurso que tem, no centro do seu debate, como o discurso educativo, a questão do humano.

Para a Educação Permanente a existência do homem é "evidente", é um pressuposto. Isso não prova, porém, que essa questão não seja problemática. A "abundância de conhecimentos" que a Educação Permanente nos propõe, ao contrário, nos expõe ao risco de abandonarmos essa questão. Tentando nos fazer aprender os "mecanismos", as "engrenagens", os "desafios" etc., desvia-nos do conhecimento do essencial. Dominar o mundo, explorá-lo, experimentá-lo, positivamente, cientificamente, não garante uma compreensão efetiva do homem e do mundo.

Se a *ex*-istência é a maneira do homem ser no mundo, o humano não está simplesmente *no* mundo, como um conteúdo dentro de um continente, como os peixes estão no lago, como uma cadeira está na sala de aula. O "em" designa aqui uma relação de coisas material e espacial. O homem ao contrário está "inerente" ao mundo, isto significa que ele faz do mundo a sua morada. Ele o habita, o frequenta, o cultiva; ele aí descansa, demora-se. O homem, quando diz "eu sou", *diz* essencialmente "eu habito". Isso significa que o homem existe[31], que é *facticidade* pela qual ele "tem" um mundo e *transcendência* pela qual ele toma distância do mundo, ele o trabalha, faz cultura, educa-se.

Estar no mundo como um objeto é não ter um mundo. Os objetos não tocam no mundo. O homem, ao contrário, tem necessidade de estar junto do mundo. Ele evoca necessariamente um *aliquid*, o outro. Um homem completo na sua ipseidade é uma abstração. Por isso, a maneira de ser do homem no mundo é preocupação em acolher o mundo. Ele fabrica, toma cuidado das coisas, as utiliza, ele empreende, constrói... Tudo isso não pode ser considerado como uma "atividade" que exerce de tempos em tempos, se reciclando. Isso faz parte do ser humano.

---

[31] A proposição "o homem *ex*-iste" não é uma resposta à questão de saber se o homem é real ou não é; é uma resposta à questão da "essência" do homem, como diz Martin Heidegger na *Lettre sur l'humanisme*, 1970, p. 65.

A imagem do homem que nos é mostrado pela Educação Permanente é uma *objetivação* do homem e do mundo. Um homem que fala *sobre* e *no* mundo, como poderia falar *sobre* Deus, considerando-o um ente entre outros entes. Falar do homem e de sua educação significa desenvolver a compreensão, as *implicações de sua existência*. A educação deveria começar por este *ato de sujeito*. Pensamos aqui no que fala frequentemente Paulo Freire e de sua recusa de falar *sobre*, de agir *sobre* e de seu compromisso com a palavra engajada, fruto de um caminho percorrido.

— Poderemos nós falar da educação antes de fazer esse caminho?

## 2 O "quem" (o sujeito) da educação

— *Quem* é o "sujeito" da educação? Este ser que sou eu mesmo?

A Educação Permanente responde afirmativamente. Essa é outra questão evidente para os seus promotores. Com isso, entretanto, não consegue dissipar os mal-entendidos. O "quem" da educação não é aquele que sou eu mesmo nem tampouco um negado de mim, um "não eu". Os outros coexistem sempre comigo. Não se trata simplesmente de constatar o "fato" da existência do outro com o qual esbarramos irredutivelmente, "evidentemente". É necessário tornar manifesto esse modo de *existir-com*, que nos implica, mas que o "se" (o impessoal, o anonimato) frequentemente nos esconde.

O homem encontra-se num *mundo ambiente*, através do seu trabalho, pelos instrumentos e utensílios que utiliza, porque ele habita um *mundo-com*, no qual os outros aí se acham da mesma maneira, com o mesmo estatuto. Assim, os outros não são simplesmente a totalidade daqueles que não sou eu mesmo, mas ao contrário, como afirma Heidegger, "são de preferência aqueles que não posso, frequentemente, distinguir de mim mesmo... O mundo no qual eu estou é sempre um mundo que divido com outros, porque estar-no-mundo é estar-no-mundo-com" (1970, p. 118).

Os outros não se encontram a si mesmos graças a uma distinção entre um "eu" e um "tu", ou a partir de um olhar voltado para si, que permitiria constatar a oposição a outrem (o *homo belicosus*). Os outros encontram-se a partir do mundo. Os homens compreenderam-se a partir de seu mundo. Nós não nos encontramos como coisa-pessoas--subsistentes, mas "no trabalho", isto é, antes de mais nada no ser-com-o-outro-cotidiano.

No interior do discurso sobre a Educação Permanente, não há um só texto que aborde essa problemática – certamente muito "geral" – sobre o homem. Contudo, escondê-la atrás da capa da modernidade homérica do *homo apprenditus* não significa que ela permanecerá esquecida. Pelo contrário, nos obriga a colocá-la no discurso da Educação Permanente. Não formando um projeto educativo, a Educação Permanente permanece ao nível da *sublinguagem*, do *subdiscurso*: aí ninguém fala realmente, não se expõe a não ser por acaso ou apesar de não querer. É um discurso-veículo de propaganda e é certamente por isso que dá tão pouco a pensar, e, quando o faz, é por tudo que ele cala, por tudo que ele "esquece".

## 3 A educação: processo dialético de leitura e de transformação do mundo

Ao "chegar" ao mundo não preparamos de antemão um lugar para depois nele fixar nossa morada. Já achamos um mundo que nos é "dado", um mundo que já está em andamento. Como um "passageiro", nós entramos no mundo como num trem que já está andando e que não podemos mais fazer parar. E mesmo que fosse possível fazer parar o trem para descer, para tomar "outra" direção, estaríamos, de qualquer maneira, mesmo parados, numa certa postura de quem está andando. O mundo está andando quando aí chegamos. Toda uma *cultura*, toda uma *ciência*, toda uma *memória* já está presente nele. Existe uma linguagem para aprender, gestos, expressões. Existe até um distanciamento do mundo a fazer e refazer. Desta forma, o ser humano, homem e mulher, pode, enquanto é conduzido pelo mundo, criar, ao redor, um outro mundo.

Uma *leitura do mundo* não é possível sem uma *transformação do mundo*. Chegando ao mundo, provocamos, pela nossa presença, toda uma mudança do mundo. O sentido que damos aqui à "leitura" é existencial – o ler como ato estritamente humano –, por isso queremos preservá-lo de toda conotação subjetivista ou idealista. No sentido que aqui queremos imprimir a essa palavra "ler", significa, antes de mais nada, interpretar o mundo através de ação transformadora dos seres humanos. Nesse sentido toda observação, pesquisa, investigação etc., para ser uma verdadeira leitura do mundo, precisa ser participante e transformadora.

O ato educativo corresponde a este esforço de leitura do meio social, econômico e político. Esta leitura é um ato de *tomada de consciência* do nosso mundo, aqui e agora, que visa notadamente ultrapassar as contradições e os elementos opressivos deste mundo. Uma tomada de consciência que só se completa com a "conscientização" (Freire, 1974). Sim, porque a tomada de consciência não é suficiente. É preciso que ela seja acompanhada de uma ação sobre si mesma e sobre o mundo, essa ação de humanização do mundo, isto é, de intervenção na sociedade e na natureza tentando ultrapassar seu inacabamento. É esse inacabamento que abre todo um *debate* e toda uma *possibilidade* de intervenção educativa. De um lado, a educação oferece instrumentos de reflexão (maiêutica socrática) e, de outro, ela abre o tempo histórico, isto é, o tempo no qual o ser humano escolhe, decide, pratica, responsabiliza-se. Mas isso não se faz "teoricamente".

Isso se faz *no* mundo e *através* dele. Nisso educação e cultura se identificam: porque a educação tem por objetivo essa permanente transformação do mundo. O homem não compreende sem fazer, sem tornar-se atento, sem escutar, sem se preocupar.

O ato educativo se produz no encontro com o outro, no mundo do *trabalho*, que é *cultura*. A cultura é o conjunto do trabalho de um grupo transformando o seu meio natural em meio social, cultural, servindo ao humano. Um projeto cultural de uma sociedade implica um debate profundo sobre suas condições de trabalho. Sob o domínio do *trabalho alienado* opera-se o esquecimento do humano, impossibilitando-o de realizar-se plenamente como homem, enfim, de fazer cultura, de fazer história. Sem um debate sobre a *condição humana* no trabalho de transformação do mundo, todo projeto educativo pode tornar-se um aparelho de opressão e de repressão.

## 4 A educação: processo dialético de partilha e de conhecimento do mundo

Não existem sociedades perfeitas. Existem, contudo, sociedades nas quais a partilha do mundo é mais equilibrada do que em outras. Uma sociedade que se opõe à partilha, à divisão igualitária do mundo, não pode manter-se senão pela violência. É uma *sociedade fechada*. Nela não se realiza um processo educativo autêntico do ponto de vista humanista porque ela já estabeleceu, de uma vez por todas, uma leitura do mundo, toda outra leitura sendo proibida, boicotada pela força ou pelo terror. Nesse tipo "ideal" de sociedade, todo julgamento crítico é assimilado ou sistematicamente eliminado. Aí reinam o fanatismo, o mutismo, o ativismo, o assistencialismo.[32]

---

[32] Ver a esse respeito a obra de Paulo Freire, *A Educação como prática da liberdade*.

Uma *sociedade compartilhada* apela para a responsabilidade e a participação de todos e de todas. Exige o diálogo e a crítica. Permite ao homem se colocar enquanto *sujeito*, como membro de um grupo, como participante de um projeto comum. A repartição do mundo não se faz simplesmente através da distribuição da terra ou dos bens de produção. Ela reside, antes de mais nada, no desejo de estabelecer a justiça. A distribuição equitativa da terra é apenas uma parcela da partilha do mundo. Repartir o mundo com o outro exige muito mais do que uma economia distributiva. Exige a *partilha do coração.* É por isso que toda pedagogia, toda inovação pedagógica que fica apenas na exterioridade da instituição, nas "relações pessoais", na "desescolarização", na relação professor-aluno, só pode conduzir ao fracasso. Por quê? Porque essa pedagogia é parcelar. Ela não atinge o coração da questão da educação.

A educação tem um *papel político* fundamental. Quero dizer com isso que ela deve desempenhar um papel eminentemente democrático, ser um lugar de encontro, de permanente troca de experiências. E isso não se faz sem certa preocupação com uma transparência, sem uma maneira de ser, sem uma ética de valores. Um mundo que não é compartilhado não pode servir de mediação para o ato educativo. Estar no mundo significa participar cotidianamente de um mundo comum.

Assim, a educação não consiste em "esperar" que o mundo seja dividido com justiça entre os seres humanos. Ela deve desde já operar para que a instauração desse mundo se torne possível mesmo pela luta, quando isso for necessário. Os movimentos sociais da educação em vários países da América Latina estão hoje compreendendo o significado dessa luta, não desvinculando-a da educação, mas integrando-a essencialmente. A educação transformadora supõe uma Pedagogia da Luta. Esta é a *condição* de sua eficácia. Refletir, pensar, tomar consciência do mundo pode ser também uma maneira de fugir do mundo, se isso não implicar um engajamento do "quem" da educação.

A educação é um *processo de conhecimento do mundo* porque é partilha do mundo. A Educação Permanente não privilegia essa dimensão da educação como partilha do mundo. Por isso, ela pode ser considerada uma inversão da educação. A Educação Permanente pode ser considerada uma *in-versão* da educação, um *projeto antieducativo*, justamente porque ela considera esse fenômeno (o conhecimento) como o fenômeno "típico" e essencial do ser humano, apenas como um *cogito.* Privilegiando a aprendizagem, o conhecimento, a Educação Permanente *esquece* de interrogar-se sobre o "quem" da aprendizagem, o "quem" do conhecimento.

O conhecimento não pode ser senão uma *maneira de o ser humano compartilhar o mundo.*

– Esse homem permanece exterior – como na relação sujeito--objeto – no conhecimento do mundo?

Conhecendo alguma coisa, compreendendo alguma coisa, o humano não sai dele mesmo, como de uma esfera onde ele estaria fechado anteriormente. O humano pelo fato de poder conhecer, pode "ir" ao encontro da natureza dos "objetos", dos outros e até de si mesmo, com a intenção de encontrar, não para manipular, para dominar, mas para participar com todas as coisas materiais e espirituais, do mesmo mundo. Existe uma verdadeira *interação* no conhecimento, existe muita troca. Não existe, propriamente, um "objeto" do conhecimento, pois existe uma transformação recíproca dos dois polos do conhecimento. Num trabalho no qual o ser humano constrói sua cultura, o mundo é, em primeiro lugar, *comunicação*, partilha.

O mundo nos pertence tanto quanto pertencemos a ele. Somos terra. Somos humanos. A palavra homem vem de *humus*, terra fecunda, terra que anda, que ama, que sente, que pensa. Somos a própria Terra.

O que se pode depreender da teoria do conhecimento da Educação Permanente é justamente o contrário, isto é, a instauração de todo um enorme aparato científico e disposições técnicas crescentes, permitindo certas manipulações do mundo. Essa ilusão objetivista torna mais difícil toda compreensão do mundo, toda tomada de consciência do mundo.

A *relação dialética* homem-mundo, fundamento do processo educativo, desaparece diante da afirmação do Sujeito Racional. Nenhum lugar é reservado pelos promotores da Educação Permanente àquilo que Lao-Tsé chama de "não saber", isto é, o saber não mediato, a comunicação sem reserva, que foge dos nossos cálculos lógicos e do nosso procedimento por hipóteses e deduções. De fato, qual é a relação do "conhecimento objetivo" que me faz dizer, por exemplo, que uma pintura é bela, que uma dança me agrada, que eu amo, que eu tenho medo da morte? A beleza, o desejo, a alegria, o amor, a angústia, apesar disso, fazem parte da vida, do nosso ser no mundo, do nosso processo de humanização. A primazia que os pensadores e os intelectuais outorgam ao conhecimento é ilegítima. A descoberta de si mesmo não é fruto do conhecimento. Por isso sustentamos que existe uma grande diferença entre a *questão da educação* e a *questão do conhecimento*.

\*\*\*

Não se interessando por esses caracteres fundamentais da educação, a Educação Permanente pode ser acusada de um esquecimento fundamental e uma verdadeira perversão da educação. Ela foi projetada para constituir-se num projeto global da educação e não é nada disso. Ela "deveria", mas na medida em que ela não se coloca à questão do homem, de suas condições concretas, se entrincheira numa interpretação, num projeto, numa herança, é "normal" que as inquietações que levantamos não a tenham preocupado. Ela se torna uma consequência dos seus próprios pressupostos, do mito, do dogma, da "evidência" educativa. Colocar as questões que nós colocamos significaria, para a educação, um *outro começo*, uma retomada total dos pressupostos, provavelmente *uma reorientação radical*.

# Capítulo III

## Por um outro começo

Neste terceiro e último momento da nossa leitura da Educação Permanente, tentaremos aprofundar a "suspeita da suspeita". Tentaremos abordar a Educação Permanente através de uma outra leitura, uma leitura mais acolhedora, mais benevolente. Por que isso? Pelo que dissemos até agora, devemos nos censurar: ao contrário do que anunciamos no início, não fomos suficientemente "simpáticos" em relação à Educação Permanente. É verdade que, na medida em que essa nova leitura esforça-se por colocar em evidência o esquecimento fundamental da Educação Permanente, ela desvela simultaneamente a educação a partir do humano enquanto este é projeto. Todavia, até aqui, não se toma senão unilateralmente a sério a Educação Permanente. A *demitologização*, que é o fio metodológico diretor deste trabalho, é certamente "destrutiva" e crítica, mas é justamente para nos restituir o mito e fazer entender aquilo que ele significa para o mundo de hoje que a demitologização se entrega a essa tarefa "destrutiva". Essa tarefa a demitologização cumpre para valorizar o discurso essencial (o *logos*) do mito, para desvelar os elementos que merecem ser tomados a sério.

## 1 De que fala (*logos*) a Educação Permanente?

Retomemos brevemente a temática dessa leitura fundamental.

No que concerne à questão da educação, a Educação Permanente nos permite colocar em evidência um esquecimento do qual ela é em parte responsável. O "vazio" que ela abre é preenchido por uma ação educativa despolitizada, "desideologizada" (mitologia) voltada para a experimentação (utilização). Em particular, esquece o "quem", o sujeito da educação e os traços fundamentais do ato educativo, a saber, a reciprocidade, a dialética homem-mundo-outro. Em consequência, esquece a educação como processo dialético da leitura e de transformação do mundo, como processo de enraizamento, de encaminhamento, enfim, como dimensão da *ex*-istência, como busca e interação.

Nenhuma preocupação quanto ao projeto do homem, ou muito pouco, anima sua literatura. Esquecendo esse debate, a Educação Permanente não concebe a educação como um processo dialético de compreensão e de transformação do mundo, mas como um processo determinado pelo conhecimento abstrato do mundo. Nisso ela se constitui simplesmente em um apêndice, num novo episódio do grande movimento educacional que, antes mesmo do humanismo, alçou seu voo no século das luzes com a *Aufklärung*. A Educação Permanente é filha da *Aufklärung*, uma filha dócil, submissa e, em verdade, muito acanhada para colocar em causa seus pais!

Assim, ela continua diretamente na linha da escolaridade obrigatória, da escola pública etc. Mas não chega a apontar em direção da existência. A história da educação está pontilhada de falhas que se abrem sob o passo da educação e levam o complô contra a existência ao fracasso. Essas fendas, essas falhas, ela tenta reduzir sempre ao silêncio, escondê-las, deixá-las de lado. Como na lógica da cura: mais remédios, mais hospitais, mais médicos! E a questão da saúde é escondida, esquecida, menosprezada pelo modo industrial de produção farmacêutica. Fica, contudo, o grito sufocado da existência, a angústia, a morte, enfim, os ímpetos selvagens de uma existência que não se deixa dominar, ressurge constantemente, derrota, mas, mesmo assim, é reduzida à marginalidade. Quando poderá ser escutada? Quando a educação colocará como tema central de suas preocupações a existência e o próprio homem?

Por aquilo que a Educação Permanente diz e propõe, ela implica uma interpretação, uma práxis educativa. Ela coloca em evidência um homem desumano que, de fato, não tem mais sentido. Ela fica num projeto irrefletido que não coloca em questão. Assim, se mostra uma *certa compreensão da existência* implícita e implicada por aquilo que ela valoriza. A Educação Permanente é uma maneira de enfrentar, de responder, de esconjurar a existência, o ser no mundo, de modo inautêntico, de recusa, de revolta, de vontade de poder e de dispor. Ela se coloca num círculo vicioso e transcreve tudo segundo os princípios, os axiomas desse círculo, seus próprios postulados. Ela encontra um dia um problema, o da morte, por exemplo: imediatamente ela propõe uma formulação para a morte, mobiliza especialistas, todo um aparato técnico, cursos, simpósios etc., para morrer. Imediatamente ela responde ao problema como faz em relação à igualdade de oportunidades, à formação da mulher, à terceira idade, à infância etc. A existência, o ser no mundo, a finitude, o ser-com revelam-se certamente através desses atos, mas o que é significativo é também a maneira como ela responde ou, mais precisamente, como ela se apressa em digeri-los e assimilá-los.

Projeto de *dominação do mundo*, dos outros e, finalmente, da própria existência... assim, a Educação Permanente nos *fala do homem*. Através dela, o homem de uma época se exprime, mostra a compreensão que tem da existência e, ao mesmo tempo, a recusa, a traduz em termos de aprendizagem, de saber, de saber fazer isso, aquilo, ainda isso e mais aquilo. Ou então procura métodos, exercícios para o diálogo, a participação, a morte, a angústia, a velhice etc.

A Educação Permanente é assim a expressão extrema e o resultado de uma *tradição educativa* que, desprezando a existência como ser no mundo, refere-se a ela como a coisa entre coisas, como objetivos para serem manipulados, dominados. Na sua ética, a educação do homem reduz-se a um arsenal de sistemas, de aparelhos educativos que traduzem essas necessidades em demandas e a elas responde apresentando técnicas *ad hoc*.

Na medida em que a Educação Permanente leva ao cúmulo essas tradições, tem o mérito de desviar-lhe a sua *intenção mais profunda*, as consequências últimas e ameaçadoras (o fechamento) e finalmente o seu absurdo. Ela seria talvez o ponto extremo onde um *novo começo* torna-se possível, onde a "destruição" da educação torna-se necessária, onde podemos nos espantar, enfim, com a educação que construímos e colocar novamente a questão a seu respeito, começar de outra forma.

A educação sempre foi isso. Essa *outra educação* se fez sempre mais ou menos às avessas e *contra a educação*. Assim, uma outra revelação educativa pode surgir e surge mesmo no interior de uma educação que se perverteu.

De qualquer forma, ao mesmo tempo, a Educação Permanente nos *fala* igualmente do homem, de sua existência, mas obliquamente, indiretamente. E é por isso que deve ser levada a sério, que deve ser tomada como fenômeno, para que, compreendendo-a, possamos compreender a voz, o apelo da existência, isto é, de outra coisa.

A palavra essencial (*logos*) da Educação Permanente nos diz que o *homem jamais termina de tornar-se homem*. O que há nisto? Há certamente a afirmação radical de que o homem tem necessidade de uma educação contínua, porque está sempre *sendo* homem.

Essa "descoberta" em suas origens representava para o homem uma grande esperança. Contudo, sobre essa *possibilidade* do homem, sobre esse projeto humano, construíram-se aparelhos, estratégias, métodos, estruturas, todo um arsenal de meios de educar, de manipular, a tal ponto que hoje, precisamente, foi esquecido o que se encontrava por baixo desse arsenal, o seu suporte, a sua fonte, isto é, o ser humano. A inflação pedagógica serviu para ocultar justamente esse fato fundamental: é o ser humano que se educa. A estrela está ainda brilhando no céu: jamais se falou tanto em educação, jamais se escreveu tanto. A estrela brilha ainda, é verdade, mas é apenas o efeito de uma fonte luminosa desaparecida há muito tempo.

Através do esquecimento da existência, a Educação Permanente nos reconduz à própria existência. Justamente porque dela a Educação Permanente não fala, persevera nesse esquecimento que é fundamental, assim ele nos obriga a colocar a questão da existência, a questão do homem e de sua educação. Certamente, não podemos "liquidar" essas questões através de uma tese; não são, de forma alguma, questões que poderíamos dissipar com "soluções". É o que ocorre, por exemplo, no diálogo platônico entre Mênon e Sócrates. Mênon inquieta-se no fim do diálogo.

> Sócrates: Portanto, a virtude não é ensinável!
>
> Mênon: Sim, segundo nossas afirmações, não é. Esta conclusão, todavia, caro Sócrates, me perturba um pouco, e chego mesmo a perguntar se de fato há homens bons, e se os há, de que modo conseguem sê-lo? (Platon, 1970)

Sim, percebe-se que a educação (a virtude) não é devida ao número de meios – como observa Mênon –, de medidas, de métodos ou estratégias. É difícil aceitar que ela deva passar por tudo isso. Ao mesmo tempo, gostaríamos de chegar a uma resposta concreta, a uma solução, a um saber. Mênon admira-se então: "de que modo conseguem sê-lo?"

Como em Platão, nós nos achamos em frente a uma *aporia*, diante de argumentos, de "opiniões" igualmente válidas, igualmente razoáveis. E percebe-se que é preciso voltar atrás e recolocar constantemente a mesma questão. Como poderíamos concluir senão dizendo que é justamente graças a esse *outro começo* que a educação, que uma tese em Filosofia da Educação, tem uma razão de ser, que ela pode servir para alguma coisa, que ela traz alguma coisa, um fruto?

## 2 Será preciso começar por "destruir" a educação (permanente)?

— O humano não cessa jamais de tornar-se humano. Precisa, por isso, de educação, permanentemente?

À sua maneira, a Educação Permanente responde a essa necessidade. Contudo, mostramos como ela *canaliza, traduz* essa necessidade fundamental, segundo a vontade do poder. Todavia, mesmo apoiando-se sobre o ser, ela exprime todas essas exigências do *ser* pelo *ter*. Se constatamos isso, trata-se agora de saber como *reorientar* a educação para o ser, para a existência, para o humano. Essa questão se coloca particularmente para aqueles que trabalham na educação.

A Educação Permanente é certamente uma tendência histórica real que depende muito pouco dos pedagogos, dos educadores. Podemos, como educadores, discutir esse processo, ver seus inconvenientes, seus riscos, suas causas. Não temos o direito de ser ingênuos. Por outro lado, temos que nos perguntar, como professores, *o que fazer* diante de tudo isso, como fazer disso uma oportunidade, uma ocasião, para experimentar outra coisa. Enquanto traçamos os limites, é preciso que nos perguntemos se não é talvez necessário *lutar contra ela* e, se assim o for, essa luta deverá ser prosseguida também em outras frentes. O pedagogo não pode ignorar essas frentes, dizendo que é um pedagogo "puro", "apolítico", pois torna-se impossível, na prática, separar a pedagogia de um projeto político.

E a Educação Permanente pode ser esse *pretexto* para pensar em outra coisa. Será o momento não mais de falar *sobre* a educação, mas *da* educação. Em vez de ser afogada por essa escalada de meios, de métodos, de "conteúdos", podemos tentar o caminho da descoberta, da leitura e da transformação de nosso próprio mundo da educação (permanente). Enfrentar o *esquecimento da educação* através de uma corajosa vontade de afrontamento de nossa própria realidade, de nossas "ciências" da educação, de nossa instituição etc. De outra forma, essa possibilidade e necessidade do homem que é a educação dará lugar a uma montanha de técnicas que nos desviam do essencial. A "destruição" da educação (permanente) consiste, antes de mais nada, em saber aproveitar a oportunidade para fazer de outra maneira, para agir em consequência, para promover mais a justiça e aumentar as possibilidades da existência, do amor.

O que nos parece preocupante na educação de hoje é a sua recusa de ir até as últimas consequências de sua *autocrítica*. Fechar-se na crítica pela crítica, não permitindo recolocar o problema de outra forma. É um pouco o equivalente da *metafísica* e o fato observado por Heidegger de que a filosofia tradicional volta-se contra os filósofos, permanecendo no interior da metodologia metafísica em vez de questioná-la. Como a "destruição" da filosofia ou da metafísica é uma tarefa decisiva e preparatória ao pensamento filosófico, à reflexão sobre o ser, uma "destruição" da Educação Permanente ou da educação simplesmente, do mito da educação, deve preparar o pensamento educativo e o ato educativo, ultrapassando o *mito*, o *dogma*, o *pressuposto*, atrás dos quais ela se oculta frequentemente hoje em dia. Essa ultrapassagem, porém, excede completamente os limites desse trabalho. Ele cumpriu sua tarefa no momento em que nos conduziu até esse *limiar*, o limiar de um *outro começo*.

Essa "destruição" não é, contudo, a negação da educação. Lugar de *perversão* e de *ameaça*, a Educação Permanente pode e deve ser um lugar de promessa, um lugar de onde possamos tirar proveito mostrando as *possibilidades* da educação.

Certamente, o discurso educativo transforma-se num *discurso ideológico* (resguardado o significado operacional desse termo no contexto desse trabalho). Embora se apresente como um discurso racional, a Educação Permanente está intimamente ligada ao mito da educação, ao menos quanto à sua função na sociedade. Ela pode então ser compreendida como uma linguagem mítica, uma linguagem profunda, rica. É por essa razão que tomamos a Educação Permanente como um *texto* no sentido forte do termo, como um texto que justifica os enormes custos de uma interpretação.

Hoje, o debate do ser humano com o mundo não é, propriamente falando, o tema do mito. Não nos defrontamos mais com um discurso mítico em sentido estrito, mas um discurso que desempenha papel análogo àquele do mito e reclama uma maneira de interpretação análoga àquele da *demitologização*. Essa equivalência aparece claramente pela função desempenhada agora pela educação. A narração mítica introduzia (iniciação) o ser humano na comunidade, na vida. No mundo de hoje esse papel é desempenhado pela educação. Ela desempenha notadamente o papel de iniciação à sociedade de consumo. O projeto da Educação Permanente, tomado na sua estratégia global, visa substituir os antigos projetos educativos para melhorar a iniciação do homem contemporâneo à era da mudança contínua, à era da "revolução" técnica e científica.

No final das contas a crise da Educação Permanente é o prolongamento da *crise da educação e da humanidade*. Com o desenvolvimento das Ciências Humanas surge uma grande perplexidade, aquela a respeito do homem. O problema da educação depende estreitamente dessa questão. De um lado, espera-se da educação que ela ajude o homem a ser, enquanto, do outro lado, a educação se dissolve na sua própria crise.

Como nos escreveu Claude Pantillon, comentando nossa tese: "vivemos um tempo onde o que mais atemoriza o homem é a própria sociedade, onde o que mais teme é o seu semelhante, onde o que o assusta e o angustia é o homem ao redor, atrás dele e em si próprio." O tempo da *ausência de confiança* no outro e em si mesmo, pois o inimigo terrível, o enigma profundo, a noite espessa que incomoda o homem não o deixando nem a um passo, somos nós mesmos, esse olho que persegue Caim. Esse tempo de mito e de crise sem nenhum precedente é aquele da *desconfiança*.

Então, nesse contexto, como evitar e por que ainda admirar-se quando a educação se torna fundamentalmente *suspeita*?

A crise do homem conduz, inexoravelmente, à crise da educação, pois num mundo que certamente aspira ao diálogo, mas onde a relação com o outro, a reciprocidade, aparece simultaneamente como a mais grave das ameaças, a educação não pode atirar-se ao pavor. Para tornar-se homem – pois deve ele *tornar-se* para que surja uma existência humana – é preciso o encontro, a alteridade, o diálogo: o *homem não se torna sozinho*. Ora, hoje, em geral, esse encontro, essa alteridade, esse diálogo, assemelham-se a uma brecha pela qual se engolfam todas as manipulações, todas as agressões, todas as dominações e ameaças.

A educação é assim interiormente dividida, dilacerada. De um lado, sempre significou que o homem não se torna sozinho, que não existe homem fora da comunidade humana, e a Educação Permanente, à sua maneira, inscreve-se nessa linha, retomando por sua conta o humanismo de ontem. *A Educação Permanente significa que não terminamos jamais de nos tornar homens e que não terminamos jamais de ser, de nos tornar juntos*, a caminho, ao longo das relações com o outro. De outro lado, contudo, o outro do qual tenho necessidade, para quem, face a quem, eu me torno, me aparece cada vez mais como a pior das ameaças.

Eis por que, num tempo em que tanto se fala de educação, onde se investe tanto nela, onde ela torna-se permanente, a educação se esvazia, se esgota, e a questão a seu respeito cai no esquecimento.

\*\*\*

Afirmando o esquecimento da questão da educação e, portanto, da educação, nós nos engajamos na sua "destruição", bem como na caminhada em busca de outro começo.

Dito isto, essa destruição não é uma "polêmica" entre pessoas de educação defendendo uma tese, uma teoria (a mais), uma concepção contra outras. O debate que queremos engajar (sem ignorar as dificuldades) não é uma maneira de "pedir contas" a um sistema ou a seus representantes em nome de outro sistema, pois trata-se aqui de uma perspectiva aquém do espírito de sistema.

Trata-se essencialmente de tentar ver através de outro olhar a nós mesmos em primeiro lugar, mas também o mundo e a educação, que acolha aquilo que jamais deixamos de ser e de fazer entender, mas que também não cessa de ser menosprezado, recusado, escondido, esquecido: o *humano*.

# A propósito de "A educação contra a educação"[33]

## Claude Pantillon

Sem dúvida, há muitas coisas a retomar, a analisar, a dissecar, na tese de Moacir Gadotti, com suas perguntas, suas exigências, suas interpelações.

Hoje, uma educação verdadeira, preocupada com os homens, exige uma luta contra a educação, contra a Educação Permanente, portanto, não somente uma luta contra a ausência de educação para educar mais, mas, ao mesmo tempo, uma luta contra ela, pois educar quer dizer tudo, nada dizer e, ao mesmo tempo, significa a inversão completa da educação; exige uma libertação, o acesso a um papel de sujeito, e não um fechamento, um esmagamento, um rebaixamento sistemático ao papel de objeto. Em consequência, a Educação Permanente exige a suspeita e a vigilância.

Observo paralelos numerosos: a supressão de um mal supõe uma luta contra a medicina e não somente contra a doença, a justiça, uma luta contra a injustiça e a justiça, até uma luta contra a religião, etc. Ao mesmo tempo, compreendem-se os mal-entendidos que situações deste gênero não podem deixar de provocar. Nós nos confrontamos aqui com um problema de linguagem. Nós não temos palavras para

---

[33] Palavras proferidas na abertura da sessão pública de defesa de tese de Moacir Gadotti, "A educação contra a educação", na Universidade de Genebra, dia 5 de março de 1977.

**208**   A EDUCAÇÃO CONTRA A EDUCAÇÃO

significar a verdadeira educação, a verdadeira medicina, a verdadeira justiça, a verdadeira lei, e, aliás, se elas existissem em outro lugar, não serviriam para nada, pois ninguém usaria os termos corretamente. Esse problema de linguagem é uma das raízes ideológicas que surgiu como possibilidade, com o nascimento de toda a palavra.

O estudo da educação permanente nos seus discursos oficiais dominantes revela uma falsa linguagem, desenraizada, distorcida, um pensamento mole, sem vergonha, pois fala-se para esconder, para seduzir e para desconversar.

Tal é a conclusão bastante melancólica do recenseamento dos textos dominantes feito pelo Moacir. E, quando o escrito torna-se ideologia, instrumento da manipulação, mesmo as palavras autênticas e verdadeiras podem servir a esta manipulação, pois torna-se difícil distinguir as ovelhas dos bodes. Quer queira, quer não, a educação permanente é daqui por diante uma armadilha. É necessário, então, arriscar-se com precaução. Tanto mais que o que os discursos testemunham parece se verificar ao nível do fenômeno e das realizações. Eu pergunto simplesmente: o que é que foi verdadeiramente cumprido neste amontoado de promessas feitas pela educação permanente? Entretanto, não se trata – bem que isto não esteja sempre muito claro na tese de Moacir – de acusar os homens, os atores da educação. Neste nível, há promessas, tensões, gestações, combatentes autênticos, verdadeiros guerrilheiros, e não somente generais falantes e trapaceiros.

– Mas, por que é assim?

A escalada educativa atesta um novo interesse pela educação porque é necessário que os homens saibam, aprendam certas coisas, para serem bons instrumentos, bons consumidores; porque o "recurso humano" como o estudo do mercado na organização científica das empresas tornou-se o objeto de uma observação atenta, calculista e interesseira. Aliás, não é também um bom mercado a explorar, um bom negócio?

Por outro lado, é assim porque, graças principalmente à escolarização obrigatória, que os países em via de desenvolvimento e seus dirigentes invejam (evidentemente!), nós dispomos hoje de aparelhos educativos sofisticados que oferecem possibilidades imensas de controle, de repressão; é tentador, então, explorá-los contra os homens. Não nos esqueçamos de que um dos mais "belos" aparelhos educativos do século foi montado por Hitler.

Em consequência, Moacir tem razão de nos alertar contra a imensa ameaça ligada ao aumento de nossos poderes e dos nossos aparelhos educativos, ameaça que aumenta com uma educação permanente numa escala planetária. O que ele não diz, ou diz muito pouco, entretanto, é que esses poderes e seus aparelhos poderiam conter também promessas se os homens se propuserem a lutar para tirar partido deles convivialmente. A meu ver a libertação dos homens deve igualmente passar por eles.

Refiro-me agora ao problema da ideologia.

Quando Moacir se refere a Marx como mestre do sujeito e coloca então em evidência, com toda razão, a função ideológica da educação permanente e da educação, ele não leva a crítica até o fim, a meu ver. Após Marx – não somente, é claro, por causa dele – a tentação ideológica acentuou-se consideravelmente, reduzindo o pensamento, a linguagem – assim como a Ética, o Direito, a Arte, a Religião – a uma função ideológica, à superestrutura ideológica e nada mais, que prepara o nascimento de um pensamento e de uma linguagem prostituídas, subjugadas aos patrões de hoje ou aos tiranos de amanhã.

Graças a esta redução, a linguagem e o pensamento são relegados ao nível da prostituição, promoção secretamente sustentada e encorajada por um outro reducionismo mais profundo ainda: o materialismo. O avanço materialista prepara o caminho ao modo industrial de produção, ao consumismo, assim como à educação como manipulação permanente pura e simples. Enfim, no reino do unidimensional, característica do leste como do oeste; num mundo esvaziado de qualquer transcendência não há mais lugar para uma educação preocupada com o humano e se combatendo por ele. Então, sim, a educação pode tornar-se, acima de tudo, instrumento de morte! A meu ver, "a educação contra a educação" implica também uma luta contra o materialismo.

Todas essas questões devem estar presentes em nossa memória na Universidade, nesta Faculdade, na nossa Seção de Ciências da Educação, se quisermos trazer uma verdadeira contribuição à educação. O que implica afrontar nosso presente à luz dessas interpelações; este afrontamento passará notadamente por uma reflexão e uma pesquisa quanto às finalidades da educação, isto é, por uma luta contra este esquecimento da educação que persegue e ameaça constantemente a educação como ela é e como ela vai.

Sim, Moacir nos oferece aqui uma boa tese, boa como um pão que nutre e fortifica, e graças ao qual se caminha, porque esta tese dá a pensar e, mais ainda, a compreender o mundo onde nós estamos; uma verdadeira tese, isto é, um acontecimento, porque quando se leu, se entendeu, se compreendeu, então vê-se a educação permanente de outro modo.

De fato, a educação permanente não é somente "muito ruído por nada", mas a colocação em escala progressiva de uma trama envolvendo todo o planeta. A educação permanente seria esse complô que se inicia na infância e muito eficaz contra a educação, ou seja, contra a vida, contra o homem-sujeito e a favor do homem-objeto.

Sim, a educação verdadeira que poderemos chamar "permanente" no sentido que a Educação Permanente nunca entende e quando o emprega é para deturpá-lo não é "a escola por toda a vida", a vida classificada nas escolas, a escolarização planificada. Pois a verdadeira educação deve ser, se fazer, se apegar à vida, porque é a própria vida que deve ser nossa escola permanente, porque educar-se é viver verdadeiramente, é viver e habitar bem a vida, é nascer quotidianamente juntos na vida, toda a vida. E tudo isso que se deve pedir às escolas, aos aparelhos educativos, aos mestres, é que eles ajudem a tornar a vida um lugar educativo. Isso não se faz sem luta, porque hoje de muitas formas a vida faz dos homens objetos.

Há sete anos, no mês de março eu defendia minha tese em Paris. Eu terminava minha formação universitária. Nos dias que se seguiram a doença[34] pousou opressivamente sua mão sobre mim. Então começou, ou melhor, continuou minha educação permanente, aquela que nenhuma outra escola, a não ser a vida, seria capaz, aquela onde se aprende a ser, isto é, a nascer quando se tem a chance de poder caminhar na vida com outros.

---

[34] Doença que o levou à morte no dia 7 de fevereiro de 1980, depois de lutar dez anos contra ela, aos 42 anos de idade.

# Posfácio
## Emergência de outra educação possível

O leitor ou a leitora que chegou até aqui poderia me perguntar: você escreveu isso nos anos de 1970 do século passado, e o que aconteceu depois? O que aconteceu com o projeto da Educação Permanente? Estamos melhores hoje do que ontem, graças à Educação Permanente?

Tenha certeza de que também venho me fazendo essas perguntas desde que realizei minha pesquisa do doutorado.

Prevendo esse diálogo entre nós, antecipo-me à sua possível curiosidade, que também é minha: devo dizer que, infelizmente, a hipótese de tantos anos atrás se confirmou. Em 2022, celebrando o cinquentenário do Relatório Edgar Faure – uma das minhas principais referências da tese – a revista da Unesco *International Review of Education*, editada pelo Institute for Lifelong Learning, de Hamburgo (Alemanha), publicou um número especial com o título "The Faure Report – 50 Years on" (v. 68, n. 5 – 2022). Trata-se de um balanço do que aconteceu com as promessas da Educação Permanente.

Não é o caso, aqui, de retomar todas as contribuições dos sete bons ensaios deste número da revista. Creio, entretanto, que é importante acentuar algumas de suas conclusões que vêm ao encontro do que apontávamos 50 anos atrás.

Os autores destacam, primeiramente, uma visão da educação marcadamente "funcionalista e produtivista", inspirada na teoria do capital humano, para a promoção de "habilidades individuais", "ajustadas à economia" em mudança, concepção contrária ao que defendiam os movimentos pelos direitos civis e os movimentos emancipatórios dos anos de 1960 e 1970 – particularmente na África e na América Latina e Caribe e aos movimentos estudantis de 1968 ao redor do mundo – uma visão que se consolidou nos anos de 1990 com o Relatório Jacques Delors (1996), que considera a educação uma riqueza, um "tesouro a descobrir".

Eles reconhecem que o Relatório Faure representou o "ponto de vista capitalista" da educação mercantilista, utilitarista e homogeneizadora, que responsabiliza o indivíduo pela sua formação, uma concepção da educação como investimento em capital humano medida pelas suas taxas de retorno, crescimento econômico e empregabilidade. Uma grande contribuição ao neoliberalismo que se seguiu na educação, levando à desumanização, à alienação e à despolitização da massa da população. O "novo homem", o ideal do "homem completo", "universal", preconizado pelo Relatório – dizem eles – se parece mais, hoje, com o tecnocrata unidimensional da educação a serviço da economia capitalista. Esse "homem universal", globalizado, impulsionado pelo "mono-humanismo neoliberal", está na contramão do "homem híbrido" como hoje nos configuramos cada vez mais.

No final da introdução desse número especial da revista da Unesco, as organizadoras reconhecem que as promessas de um futuro melhor, de maior equidade, justiça social e educação mais democrática não se tornaram uma realidade. Ao contrário, temos hoje uma educação eminentemente individualista e meritocrática. É a funcionalização e instrumentalização da educação. Se esse era o propósito desse Relatório, poderíamos dizer que, infelizmente, ele teve sucesso, um sucesso que é também o seu fracasso. Não é por nada que a Unesco lançou em 2021 um novo documento em que nos conclama para unir forças em torno de um "novo contrato social para a educação". Uma clara indicação de que, do ponto de vista humanista e emancipatório, o que foi preconizado nos anos de 1970 não foi alcançado e necessitamos "reimaginar" outros futuros possíveis. Trata-se do relatório *Reimaginar nossos futuros juntos: um novo contrato social para a educação*.

Com certeza, precisamos de um novo contrato social para a educação que faça valer a solidariedade e não a competitividade, o fazer *com* e não o fazer *contra*, enfim, a educação como "quefazer estritamente humano", de que nos falava Paulo Freire nos anos de 1970. O último relatório da Unesco clama pela universalização da solidariedade em oposição à universalização do individualismo e fala abertamente da necessidade de mudanças radicais na educação e de um novo começo; ele fala da necessidade de um novo contrato social fundamentado nos direitos humanos, abrangendo uma ética de cuidado, reciprocidade e solidariedade que possa reparar as injustiças enquanto transforma o futuro. Há uma única menção ao Relatório Edgar Faure e nenhuma palavra sobre Educação Permanente. Menciona rapidamente a educação ao longo da vida. É um silêncio eloquente, profundamente significativo.

Na minha análise do discurso e do fenômeno da Educação Permanente, tentei mostrar o que estava escondido — como tarefa desmitificante e emancipante — que, ao contrário do que se afirmava, havia aí, sim, um projeto ideológico e uma visão de mundo e que, por isso mesmo, se negava a tratar da questão da educação. Cheguei à conclusão de que não se tratava apenas de mais um relatório em relação ao estado da arte da educação no mundo. Tratava-se do primeiro grande projeto político de internacionalização da educação. Uma resposta à "crise" mundial da educação dos anos de 1960.

O projeto da Educação Permanente é um projeto político engendrado no seio das nações mais poderosas a fim de ajustar e subordinar a educação global aos ditames da economia capitalista. Assim como o sistema produtivo, a educação também precisa ser padronizada para facilitar o comércio mundial da educação como mercadoria. A mercantilização da educação é um projeto capitalista global que se caracteriza pela centralização do comando, pela unificação, homogeneização, pela rentabilização. O seu ideal seria que crianças, jovens e adultos tivessem acesso às mesmas informações em todo o mundo, expandindo pelo planeta o modo de pensar capitalista. Um só livro para todos e todas, em escala planetária, reduzindo os "custos" educacionais.

Mais do que um projeto de educação é um projeto de colonização das mentes e dos corações, cuja finalidade é formar o "consumidor esclarecido" graças ao conhecimento das "organizações da vida econômica", como dizem seus autores. É a subordinação da educação à política econômica, em benefício da acumulação e da reprodução do sistema, tornando o aprender um objetivo puramente econômico. É assim que entendo a fala incisiva de Claude Pantillon na arguição da minha tese, em 1977, sobre a "tentação ideológica" da educação que "prepara o nascimento de um pensamento e de uma linguagem prostituídas, subjugadas aos patrões de hoje ou aos tiranos de amanhã". Hoje, isso é ainda mais evidente do que ontem, quando a "preocupação com o humano" passa longe dos debates educacionais, em nome de uma pseudoneutralidade científica e de uma lógica meritocrática. Um silêncio ensurdecedor em relação aos fins da educação.

Agora podemos entender por que os promotores da Educação Permanente com seu projeto global para a educação se diziam "desideologizados". Porque seu projeto era essencialmente conservador, reacionário, que se opunha a outro projeto – daí *a educação contra a educação* – essencialmente emancipador, que estava ganhando força, associado à pedagogia do oprimido. Foi isso que Paulo Freire deixou claro, no dia 5 de março de 1977, na sua arguição de minha tese quando falou da "dialeticidade da educação" opondo a "educação como prática da domesticação" à "educação como prática ou façanha da liberdade".

Frente à crescente perda das raízes humanistas, reafirmamos nosso compromisso com a emergência de outra educação possível – baseada no compartilhamento do bem viver de todos e de todas, em harmonia consigo mesmo, com o outro e com a natureza – e com uma escola como espaço convivial onde nos constituímos como humanos, por um mundo de justiça, de bondade e de beleza.

# Referências bibliográficas

BACHELARD, Gaston. *La formation de l'esprit scientifique*. Paris: Vrin, 1970.

BERGER, Gaston. *L'homme moderne et sou éducation*. Paris: PUF, 1962.

BIRNBAUM, Pierre. *La fin du politique*. Paris: Seuil, 1975.

BRAVERMAN, Harry. *Trabalho e capital monopolista*: a degradação do trabalho no século XX. Rio de Janeiro: Zahar, 1977.

BUBER, Martin. *La vie en Dialogue*. Paris: Aubier Montaigne, 1959.

BULTMANN, Rudolf. *Jesus Christ and Mythology*. S.C.M. Press LTD, 1960.

BULTMANN, Rudolf. *Kerygma und Mythos*: vol. I (1960), vol. II (1965), vol. III (1967). H. Recih-Evangelischer Verlag G.M.B.H. Hamburg-Bergstedt.

CONSEIL de l'Europe. *Education Permanente*. Recueil d'études commanditées par le Conseil de la Coopération Culture du Conseil de l'Europe. Strasbourg, 1970.

DAVE, R. H. *Education permanente et programme scolaire*. Hambourg: Institut de l'Unesco pour l'Éducation (Monographie, 1), 1973.

DILTHEY, Wilhelm. *Le monde de l'esprit*. Tomo I. Paris: Aubier Montaigne (Bibliotèque Philosophique), 1947.

FAURE, Edgar *et al*. *Appendre à être*. Rapport de la Commission Internationale sur le développement de l'éducation. Paris: Unesco; Fayard, 1972.

FREIRE, Paulo. *L'éducation*: pratique de la liberté. Paris: Cerf, 1971. (Terres du Feu).

FREIRE, Paulo. *Pedagogie des opprimés*. Paris: Maspero, 1974. (Petite collection Maspero, 130).

FRITSCH, Philippe. *L'éducation des adultes*. Paris: Mouton, 1971.

FURTER, Pierre. *Educação permanente e desenvolvimento cultural*. Petrópolis: Vozes, 1974. (Educação e tempo presente, 11).

**218** A EDUCAÇÃO CONTRA A EDUCAÇÃO

FURTER, Pierre. *Educação e Vida*: contribuição à definição da educação permanente. Petrópolis: Vozes, 1972. (Educação e tempo presente, 3).

FURTER, Pierre. *Du discours à l'action*: contribution à l'étude genérale des problèmes posés par l'évaluation. Genève, maio/1975.

FURTER, Pierre; PEREIRA, Vanilda Paiva: *L'Amérique Latine face à l'invasion de l'éducation permanente*. Genève, 1975.

GADOTTI, Moacir. *Comunicação Docente*: ensaio de caracterização da relação educadora. São Paulo: Loyola, 1975. (Filosofia e Educação, 1).

GADOTTI, Moacir; PANTILLON, Claude. *Education Permanente*: presentation, choix de textes, bibliographie. Genève: FPSE; Université de Genève, 1977.

GOLDMANN, Lucien. *Sciences humaines et philosophie*. Paris: Gothier, 1973. (Bibliothéque Méditations, 46).

GRETLER, Armin *et al. La Suisse au-devant de l'éducation permanente*. Lausanne: Payot (Greti information), 1971.

GUSDORF, Georges. *La parole*. Paris: PUF, 1953. (Initation philosophique, 3).

GUSDORF, Georges. *Les sciences de l'homme sont des sciences humaines*. Université de Strasbourg, 1967.

HABERMAS, Jürgen. *La technique et la science comme "idéologie"*. Paris: Gallimard (Les essais), 1973.

HABERMAS, Jürgen. *Connaissance et intérêt*. Paris, Gallimard (Bibliothèque de Philosophie), 1976.

HABERMAS, Jürgen. *Théorie et pratique*. 2 volumes. Paris: Payot, 1975. (Critique de la Politique).

HARTUNG, Henri. *Pour une éducation permanente*. Paris: Fayard, 1966. (Sciences Humaines, 10).

HARTUNG, Henri. *Les enfants de la promesse*. Paris: Fayard, 1972.

HARTUNG, Henri. *Les temps de la rupture*: éducation permanente et auto-gestion. Neuchâtel: A la Baconnière, 1975.

HEIDEGGER, Martin. *L'être et le temps*. Traduit de l'allemand et annoté par Rudolf Boehm et Alphonse de Waelhens. Gallimard: Bibliothèque de Philosophie, 1972.

HEIDEGGER, Martin. *Lettre sur l'humanisme*. Paris: Aubler Montaigne, 1970.

HEIDEGGER, Martin. *Sein und Zeit*. Tübingen: Max Niemeyer, 1953.

HUSSERL, Edmund. *Idées directrices pour une phénoménologie*. Traduit de l'allemand par Paul Ricceur. Paris: Gallimard (Bibliothèque de Philosophie), 1971.

ILLICH, Ivan. *Conferência sobre a Educação Permanente*. Palácio das Nações. Genebra, 5 de setembro de 1974.

ILLICH, Ivan; VERNE, Etienne. Le piége de l'école à vie. *In: Le Monde de l'Education*. Paris, jan./1975, p. 11-14.

KANT, Emmanuel. *Critique de la raison pure*. 6. ed. Paris: PUF (Bibliothèque de philosophie contemporaine), 1968.

KANT, Emmanuel. La formation permanente: idée neuve? Idée fausse? *In: Esprit*. Paris, n. 439, n. esp., 10 out. 1974, p. 321-608.

LAO-TSÉ. *Tao tö king*. Paris: Gallimard, 1967. (Idées, 179).

LE DU, Jean. *Cette impossible pédagogie*: l'éducateur chrétien confronté à sa propre mort par l'action pédagogique. Paris: Fayard-Mame, 1971.

LE VEUGLE, Jean. *Initiation à l'éducation permanente*. Toulouse: Privat, 1968.

LENGRAND, Paul. *Introduction à l'éducation permanente*. Paris: Unesco, 1970.

MARCUSE, Herbert. *L'homme unidimensionnel*: essai sur l'idéologie de la société industrielle avancée. Paris: Minuit, 1968.

MARX, Karl. *Misère de la philosophie*: réponse à la philosophie de la misère de M. Proudhon. Paris: Ed. Sociales, 1947.

MARX, Karl; ENGELS, Friedrich. *Cartas filosóficas e outros escritos*. São Paulo: Grijalbo, 1977.

MARX, Karl; ENGELS, Friedrich. *Études philosophiques*. Paris: Ed. Sociales, 1961.

MARX, Karl; ENGELS, Friedrich. *L'idéologie allemande*. Paris: Ed. Sociales, 1975.

MARX, Karl; ENGELS, Friedrich. *Manifeste du parti communiste*. Paris: Ed. Sociales, 1972.

**220** A EDUCAÇÃO CONTRA A EDUCAÇÃO

MCLUHAN, Marshall. *Mutation 1990*. Paris: Mame, 1969.

OCDE. *L'éducation récurrente*: une stratégie pour une formation continue. Paris: Ceri/OCDE, 1973.

PANTILLON, Claude. *La thématique du changement dans le cadre de la formation des adultes*. Genéve: EPSE, 1973.

PANTILLON, Claude. Illich comme outil de pensée et d'action. *In*: *Lés Cahiers Protestants*. Lausanne, n. 3, jun. 1975.

PANTILLON, Claude. *Le problème de l'herméneutique dans l'oeuvre de Rudolf Bultmann*. Mémoire de doctorat. Faculté des Lettres de Nanterre, France, [s. d.].

PANTILLON, Claude. *A propos de l'acte philosophique*. Genéve: EPSE, jun./1974.

PANTILLON, Claude; GADOTTI, Moacir. *Manifeste philosophique*: vers une philosophie de l'éducation. Genève: Centre de Philosophie de l'éducation, 1976. (Cahiers philosophiques, 1).

PERU. *Reforma de la education peruana*: informe general. Lima, 1970.

PHILIBERT, Michel. *Paul Ricouer ou la liberté selon l'espérance*. Paris: Seghers, 1971. (Philosophes de tous les temps, 72).

PINEAU, Gaston. *Projet de création d'un centre de recherche et développement (R.D.) en Education Permanente*. Université de Montréal. Service d'Education Permanente, fev./1974.

PINEAU, Gaston. *Éducation ou aliénation permanente?* Paris: Dunod, 1977.

PLATON. *Oeuvres Complètes*. Paris: Gallimard (Bibliothèque de la Pléiade), 2 volumes, Paris, 1970.

REBOUL, Olivier. *La philosophie de l'education*. Paris: PUF, 1971. (SUP, la philosophie, 102).

RICHARD, Pierre; PAQUET, Pierre. *L'éducation permanente et ses concepts périphériques*: recherches documentaires. Paris: Cujas, 1973.

RICOEUR, Paul. Existence et herméneutique. *In*: *Interpretation der Welt*, Echter-Verlag Wurzburg, [s. d.], p. 32-51.

RICOEUR, Paul. *De l'interprétation*: essai sur Freud. Paris: Seuil, 1965.

RODRIGUEZ, Charlotte. *L'éducation permanente*. Étude réalisée pour l'Unesco. Paris/Genève. Unesco/BIE. Documentation et information pedagogiques, n. 185, 1972.

RUBEL, Maximilien. *Pages de Karl Marx*: pour une éthique socialisté. 2 volumes. Paris: Payot, 1970. (Petite Bibliothèque Payot, 166 et 167).

SCHWARTZ, Bertrand. *L'éducation demain*: éducation permanente; une étude de la Fondation européenne de la culture. Paris: Aubier/Montaigne (Recherches économiques et sociales), 1973.

TRICOT, Michel. *De l'instruction publique à l'éducation permanente*. Paris: Tema, 1973.

UNESCO. *L'école et l'éducation permanente*: quatre études. Paris: Unesco, 1972.

WEBER, Max. *Essais sur la théorie de la science*. Paris: Plon, 1968. (Recherches en sciences humaines, 19).

WEBER, Max. *Le savant et le politique*. Paris, 1959. (Recherches en sciences humaines, 12).

# Conheça também da Série Moacir Gadotti

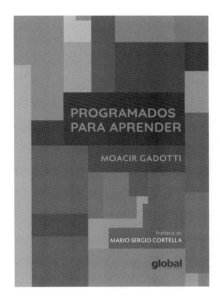

**Programados para aprender**

Este livro parte da afirmação: "Somos programados, mas para aprender", do bioquímico e geneticista francês François Jacob. Esta frase é citada várias vezes nas últimas obras de Paulo Freire, na busca por pensar os fundamentos de uma educação voltada para um ser humano inacabado. Programado, sim, mas não determinado.

**No prelo:**

Pedagogia da práxis
Histórias das ideias pedagógicas